들어가며

전 어릴 적부터 동물이 좋아서 동물의 생태를 소개하는 프로그램을 자주 보곤 했어요.

대학생 때 수족관에 가서 범고래를 만난 뒤로는….

어릴 적에는 몰랐던 범고래의 생태에 푹 빠져들었고 그 아름다움에 사로잡혔지요.

002 들어가며

Chapter 1
006 스케일이 다르다!
고래의 친척·해수류 등

대왕고래 / 향고래 / 귀신고래 / 범고래 / 큰돌고래 / 물개 /
캘리포니아바다사자 / 점박이물범 / 바다코끼리 / 큰바다사자 /
남아메리카바다사자 / 해달

Chapter 2
032 바다의 사냥꾼! 상어의 친척

백상아리 / 고래상어 / 톱상어 / 제브라상어 / 귀상어 /
뱀상어 / 돌묵상어 / 모래뱀상어 / 괭이상어 / 용상어 / 마귀상어 /
큰입상어 / 주름상어 / 인도네시아수염상어 / 빨판상어

Chapter 3
064 .... **이게 다 농어라고? 농어의 친척**

농어 / 방어 / 돛새치 / 참다랑어 / 참돔 / 혹돔 / 가다랑어 /
빛금눈돔 / 청줄청소놀래기

Chapter 4
084 .... **특이한 종?
동갈치·연어·가자미 등의 친척**

동갈치 / 꽁치 / 연어 / 넙치 · 참가자미 / 쏠치 / 쏠배감펭 /
자주복 / 실러캔스 / 통안어

Chapter 5
104 .... **아이들도 좋아해!
가오리·문어·오징어 등**

노랑가오리 / 얼룩매가오리 / 대왕쥐가오리 / 매오징어 /
대왕오징어 / 문어 / 파란선문어 / 우무문어 /
거미게 / 장갑가는손부채게

Chapter 6
126 .... **생명의 신비!
해파리·바닷가의 생물·그 밖의 동물**

가시복 / 작은부레관해파리 / 상자해파리 / 바지락 /
지도청자고둥 / 집게 / 불가사리 / 갯민숭달팽이 / 산호 /
말미잘 / 바닷가재 / 무각거북고둥 / 빨간씬벵이 /
초롱아귀 / 대왕산갈치

158   후기

Chapter 1
스케일이 다르다! 고래의 친척·해수류 등

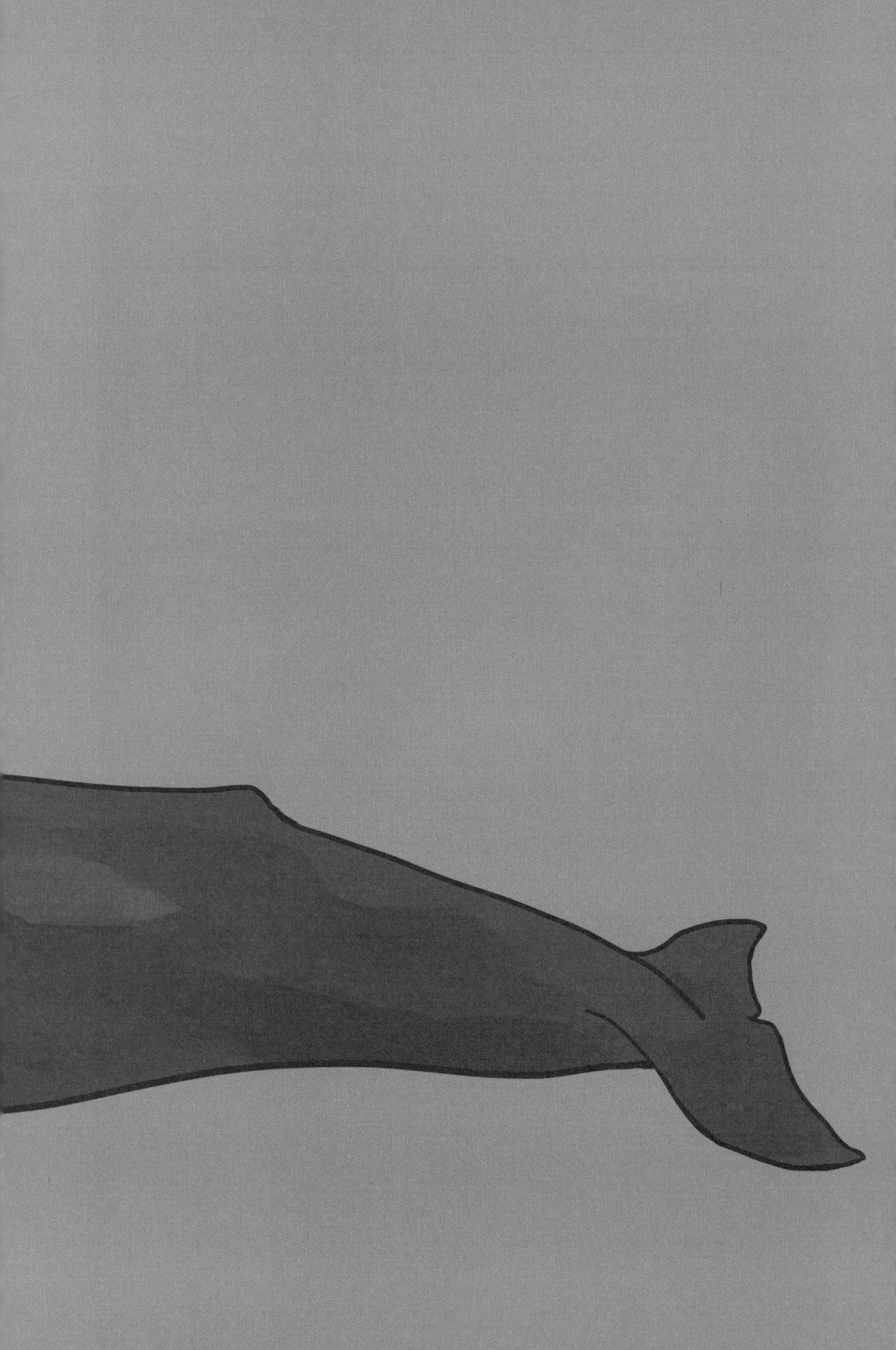

고래의 친척

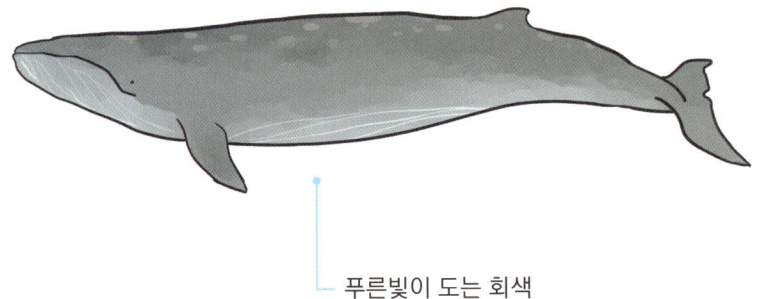

푸른빛이 도는 회색

대왕고래

《수염고래과》 *Balaenoptera musculus*

● 25~32m   ▲ 적도에서 남극과 북극해까지   ♥ 크릴새우, 작은 물고기 등

지구상에서 가장 큰 동물. 수명은 35~40년.
몸무게는 약 200톤으로, 하루에 4~8톤의 크릴새우를 먹는다.

세계에서 가장 큰데도 천적이 있다고?

단일 생물로서는 가장 크다. 30m가 넘는 거대한 몸집에도 불구하고 주로 작은 크릴새우를 먹기 때문에 인간이 잡아먹힐 일은 없다. 고래를 사냥하는 범고래가 대왕고래 새끼들을 노리는 일이 많은데, 20m가 넘는 크기의 성체 대왕고래가 습격당한 적도 있다.

기호에 대해서: ●…몸길이 ▲…서식 지역 ♥…식성

고래의 친척

생물 중에서 가장 큰 뇌를 지녔다.

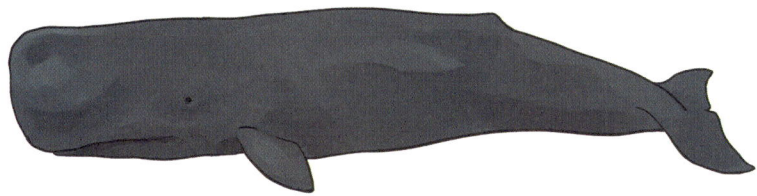

향고래

《향고래과》 *Physeter macrocephalus*

● 15~18m　▲ 남극 북부에서 북극해 남부까지　♥ 오징어, 문어, 물고기

머릿속에는 경랍이라고 불리는 물질이 잔뜩 들어 있다.
먹이인 오징어를 찾기 위해서 1000m까지 잠수할 수 있다.

세계에서 가장 큰 뇌?

전 세계의 생물 중에서 가장 큰 뇌를 지녔는데, 사람 뇌 크기의 7배라고 알려져 있다. 큰돌고래나 범고래 같은 이빨고래류는 위아래로 이빨이 나 있지만 향고래는 아래턱에만 이빨이 있으며, 위턱에는 입을 다물었을 때 아랫니를 집어넣기 위한 홈이 있다.

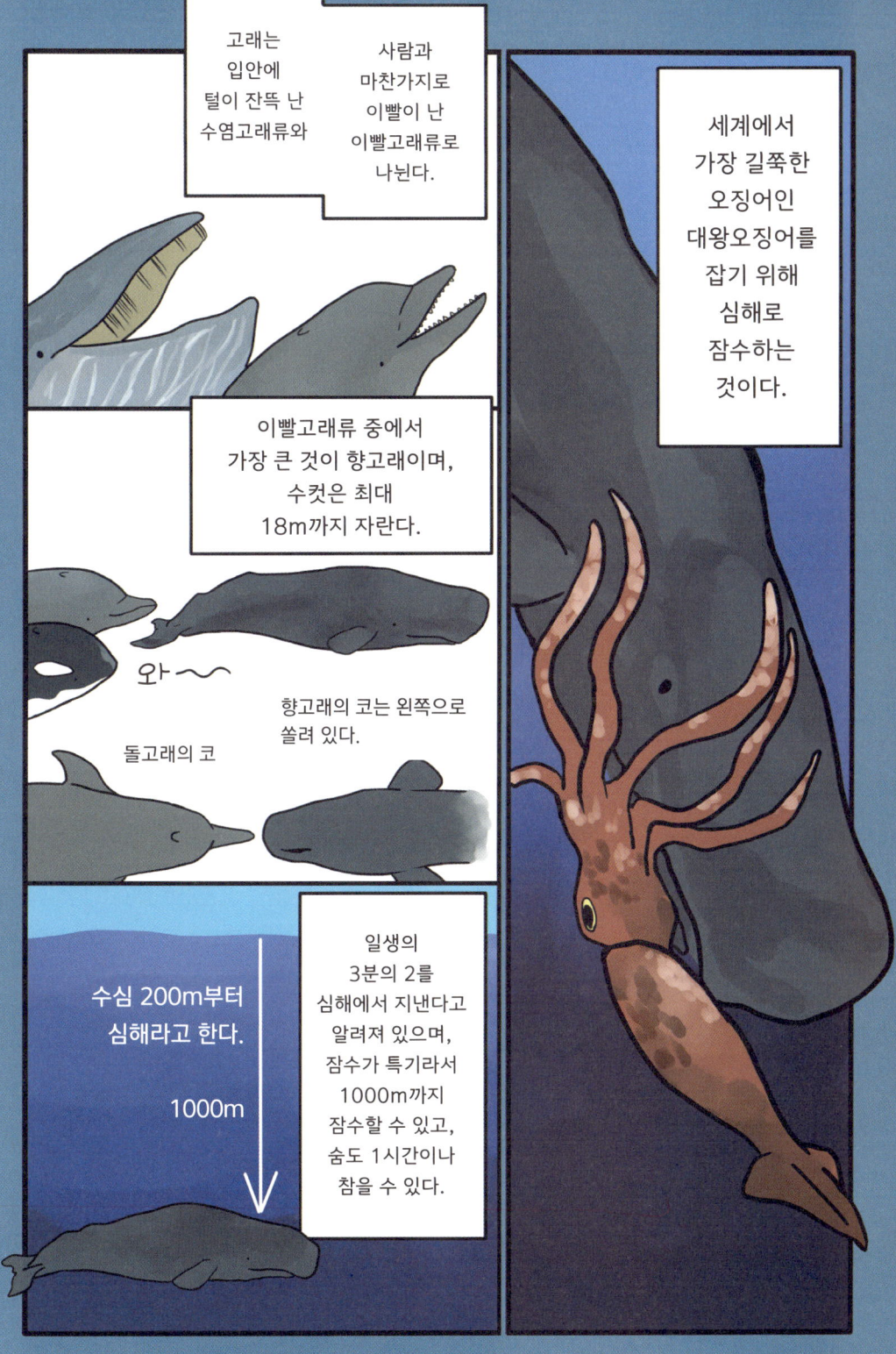

고래의 친척

머리와 등에 기생 생물과 다른 생물이 다닥다닥 붙어 있어서 바위처럼 보인다.

귀신고래

《귀신고래과》 *Eschrichtius robustus*

● 12.2~15.3m ▲ 북태평양 연안 ♥ 새우류, 조개류, 물고기 등

가장 긴 거리를 회유하는 동물 중 하나로, 무리를 지어 알래스카에서 멕시코 연안까지 왕복 약 2만km를 회유하는 개체도 있다.

고래도 오른손잡이와 왼손잡이가 있다?

머리나 몸에 따개비, 고래 이 등이 달라붙어서 흰 무늬가 있는 것처럼 보인다. 몸을 기울여서 먹이를 찾는데, 오른쪽으로 눕는 개체도 있고 왼쪽으로 눕는 개체도 있다. 몸집이 작아서 범고래가 자주 노리는 종이기도 하다.

고래의 친척

길이가 10cm나 되는 이빨이 있다.

범고래

《참돌고래과》 *Orcinus orca*

● 7~10m ▲전 세계의 바다 ♥물범, 고래, 물고기, 바닷새 등

동료들과 커뮤니케이션을 하기 위해 다양한 소리를 낸다. 흑백의 독특한 무늬가 있다. 지능이 높으며 훈련시킬 수 있기 때문에 수족관의 인기 스타이다.

바다의 깡패?!

백상아리, 대왕고래까지 습격한다. 전 세계에 서식하지만, 한 해역에 머무르며 물고기를 먹이로 삼는 정주형, 한곳에 머물지 않고 포유류를 사냥하는 이동형은 서로 생태가 크게 다르며, 가족별로 문화(언어나 사냥법)도 다르다.

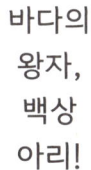

바다의 왕자, 백상아리!

무시무시한 이빨을 자랑하는 무적의 상어….

라고 생각하기 쉽지만 그들의 천적은 범고래!

백상아리는 범고래를 보자마자 도망칠 정도다.

지능이 높은 범고래는 사냥법도 무리에 따라 다양한데….

다 같이 파도를 일으켜 유빙 위에 있는 물범을 떨어뜨리거나….

집단으로 고래를 질식 시키기도 한다.

반면 유빙 때문에 뒤처진 새끼를 어른들이 구하러 가는 등, 가족 간의 정이 깊고 다정하다.

고래의 친척

길쭉한 커브를 그리는 입매.

큰돌고래

《참돌고래과》 *Tursiops truncatus*

● 3~4.2m   ▲ 적도 주변의 열대나 온대 지역 연안   ♥ 물고기, 오징어

시속 30km로 헤엄칠 수 있다. 1초에 1000번이나 반향정위음을 내며 바닷속의 위치를 파악한다.

돌고래 하면 큰돌고래

수족관에서 가장 많이 사육되는 종이고, 일본에서도 야생 남방큰돌고래를 볼 수 있어 친근한 편이기에, 돌고래라고 하면 큰돌고래를 가리키는 경우가 많다. 포유류인 돌고래는 젖을 먹여서 새끼를 기른다. 유두는 항문보다 살짝 앞쪽의 홈에 있다(암컷만).

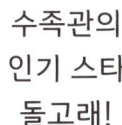

수족관의 인기 스타 돌고래!

일본 수족관에서 가장 많이 사육하는 것이 바로 큰돌고래다.

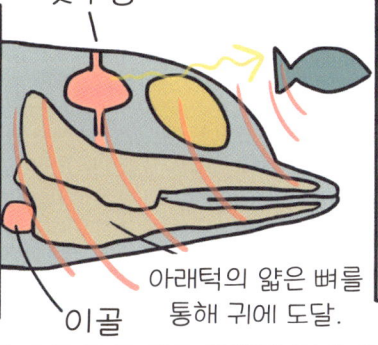

콧구멍

이골

아래턱의 얇은 뼈를 통해 귀에 도달.

돌고래는 코 안쪽에서 소리를 만들고

머리 앞쪽에 있는 멜론 기관에서 소리를 증폭시킨다.

초음파를 쏜 뒤 되돌아오는 소리를 아래턱에 있는 이골(귀에 해당하는 부분)로 듣는다.

되돌아온 소리를 통해 어디에 무엇이 있는지 판단한다.

이러한 방법으로 앞이 보이지 않는 어두운 바다에서도 사냥감을 잡을 수 있다.

반향정위 라고 불리는 돌고래들의 특기다.

돌고래의 코

울음소리도 목이 아니라 코 안쪽에서 나오므로 입을 벌리지 않아도 소리를 낼 수 있다.

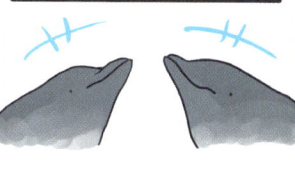

사람은 20000헤르츠 이상의 소리는 들을 수 없지만, 돌고래들은 그 이상의 소리, 즉 초음파로 대화한다.

인간에게는 들리지 않지만 사실은 수다를 떨고 있을지도.

바다사자의 친척

작은 귓바퀴가 있다.

물개

《바다사자과》 *Arctocephalinae*

● 1.2~3.1m　▲태평양 북부, 남극 북부

폐호흡을 하지만 대부분 물속에서 생활하며,
몇 시간씩 바다에서 지내기도 한다.

물개와 바다사자의 차이는?

물개, 바다사자, 남아메리카바다사자, 큰바다사자는 하렘을 형성한다. 바다사자는 털에 매끈매끈한 광택이 있는데 비해 물개는 복슬복슬한 털을 지녔으며, 귓바퀴가 무척 눈에 띈다. 수족관에서는 담수에서 생활하기도 한다.

바다사자의 친척

힘이 센 지느러미발.

캘리포니아바다사자

《바다사자과》 *Zalophus californianus*

- ● 1.7~2.2m ▲ 북미 서부 해안, 갈라파고스 제도 ♥ 물고기, 오징어, 조개류

깊이 잠수할 때는 심박수를 낮추기 때문에, 다시 숨을 쉬러 올라올 때까지 10분 가까이 잠수할 수 있다.

뛰어서 이동!

기어가듯이 이동하는 물범과 달리, 바다사자과의 동물들은 뒷발을 이용해서 깡충깡충 뛰며 이동한다. 또 바다사자와 큰바다사자, 바다코끼리 등은 앞발의 발톱은 짧지만, 뒷발의 발톱 중 가운데 세 개는 길고, 양 끝의 두 개는 짧다.

물범의 친척

└ 잿빛 바탕에 검은 점박이 무늬가 있다.

점박이물범

《물범과》 *Phoca largha*

● 1.6~1.7m   ▲동해, 오호츠크해, 태평양 북부 등   ♥물고기, 갑각류

겨울부터 봄까지 유빙과 함께 이동하기 때문에
유빙 위에서 출산과 육아를 한다.

이름처럼 귀여운 점박이

참깨를 흩뿌려 놓은 듯한 점박이 무늬가 특징. 새끼는 2~4주간의 수유 기간을 거치며, 생후 3주가 지나면 흰색 또는 크림색 털이 빠지고 성체와 같은 털이 자라난다. 물속에서는 콧구멍이 닫힌다.

물범 하면 떠오르는…. 	새하얀 새끼 물범.
새끼 물범은 다들 새하얗….	약간 크림색도 있다. 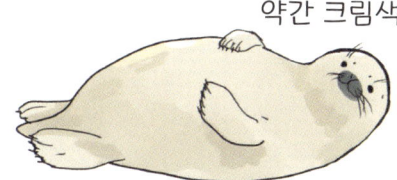

지만은 않다.
회색이나 검은빛 털을 가진 새끼도 있다.

점박이 물범    두건 물범    코끼리물범

눈 속에서는 흰 털이 눈에 잘 띄지 않는다.  생후 3주가 지나면 어른 물범과 똑같은 털이 자라난다.	북극곰과 범고래 등 천적의 눈도 피할 수 있다. 

풍경 속에 몸을 숨기는 것을 카무플라주(의태)라고 한다.

바다코끼리의 친척

길고 흰 엄니,
회색이 섞인 수염.

바다코끼리

《바다코끼릿과》 *Odobenus rosmarus*

● 2~3.5m ▲북극해와 그 주변 ♥물고기, 새우, 조개, 물범, 돌고래 등

매우 길고 섬세한 수염을 탐지기처럼 사용하여 어두운 해저에 숨어 있는 조개류를 찾아낸다.

큰바다사자와 바다코끼리의 구별

큰바다사자와 헷갈리기 쉽지만, 큰바다사자는 바다사자과이고 바다코끼리는 바다코끼리과에 해당한다. 그러나 큰바다사자와 마찬가지로 앞다리, 뒷다리를 사용하여 걷는다. 수컷과 암컷 둘 다 엄니가 나는데, 수컷에 비해 암컷의 엄니는 약간 짧고 휘어 있다.

바다사자의 친척

수컷 성체는 상반신이 뚱뚱해진다.

큰바다사자

《바다사자과》 *Eumetopias jubatus*

- ● 2~3.5m ▲ 북극 근해 ♥ 물고기, 오징어 등

무척 사교성이 좋으며, 서로 큰 소리로 울부짖거나 콧소리를 내는데, 번식기에는 공격적으로 변한다.

바다사자과에서 가장 큰 동물

바다사자과 중에서 가장 큰 종으로, 바다코끼리와 비슷한 몸집을 지녀서 종종 헷갈린다(엄니가 있는 것이 바다코끼리). 수족관에서도 사육되는데, 홋카이도나 아오모리에서 야생 개체도 볼 수 있다. 물개와 마찬가지로 재주를 익힐 수 있어서, 큰바다사자 쇼를 진행하는 수족관도 있다.

바다사자의 친척

수컷 성체는 목에서부터 가슴까지가 무척 두툼하며 갈기가 자라난다.

남아메리카바다사자

《바다사자과》 *Otaria flavescens*

● 2.2~2.8m ▲ 남아메리카 대륙 남부 연안 ♥ 물고기, 오징어, 펭귄

400kg에 달하는 수컷 남아메리카바다사자는 성질이 포악해서, 하렘을 만드는 장소를 놓고 경쟁하다 상대를 죽음에 이르게 하는 경우도 있다.

천적은 범고래!

큰바다사자보다는 작지만 바다사자나 물개와 비교하면 커서 멀리서 봐도 알 수 있을 정도다. 주로 물고기나 두족류(오징어 등)를 먹지만 가끔 펭귄을 먹기도 한다. 천적은 범고래인데, 물가에서 힘차게 뛰어올라 남아메리카바다사자의 새끼를 물어가는 경우가 있다.

별로 들어본 적 없을지도 모르지만 남아메리카바다사자는 물개나 바다사자의 친척으로, 수족관에서도 사육된다.

야생에서는 펭귄을 잡아 먹기도 할 정도로 힘이 세다.

몸의 특징으로 암수를 구별할 수 있는 동물이 많다.

예를 들면 범고래는 등지느러미가 낫처럼 휘어진 것이 암컷, 큰 것이 수컷이다.

사자는 갈기의 유무로 구별할 수 있다.

남아메리카 바다사자 또한 수컷에게만 갈기가 있다.

몸집이나 얼굴 생김새도 암수가 서로 다르다.

족제비의 친척

발에 물갈퀴가 있다. 털가죽은 보온성이 높고 물방울을 튕겨 내는 역할을 한다.

해달

《족제빗과》 *Enhydra lutris*

● 1.25m ▲북태평양 연안 ♥물고기, 조개류, 갑각류, 오징어, 문어

수달의 친척 중에서는 해달만이 물속에서 출산을 한다. 어미는 바다에 둥둥 뜬 채 새끼를 가슴에 올려놓고 기르면서 헤엄치는 법과 먹이 사냥법을 가르친다.

해달은 수달의 친척

족제빗과의 동물로 육지와 물 양쪽에 적응한 것이 수달, 더 나아가서 육지에 올라가지 않고 거의 바다 위에서만 생활하게 된 것이 해달이다(육지를 걸을 수는 있다). 헤엄치는 속도가 재빠르지 못해서 물고기를 잡는 일은 드물다. 그래서 조개류나 갑각류, 성게 등을 먹는다. 도구를 이용하는 재주와 높은 지능을 가졌다.

차가운 바다에 사는 동물은 대부분 추위를 피하기 위해 지방을 축적한다.

그러나 해달은 두툼한 지방이 없다.

해달이 추위를 피하는 비결은 바로 **털**이다.

해달에게는 **약 8억 가닥**이나 되는 털이 있다고 알려져 있으니 지구에서 털이 가장 빽빽한 생물인 셈이다. 털이 이중으로 나 있어서 공기층을 만들어 물이 직접 피부에 닿지 않는다.

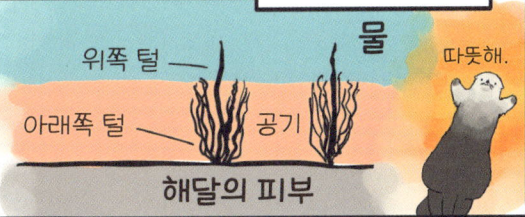

위쪽 털 — 물
아래쪽 털 — 공기
해달의 피부
따뜻해.

1개의 모공에서 **70~80**개의 털이 자란다.

이 공기층을 유지하기 위해 해달은 날마다 몇 시간씩 온몸의 털을 손질한다.

체온을 유지하기 위해서는 열량이 높은 식사도 꼭 필요하다.

아무리 먹어도 추워서 에너지가 모자라.

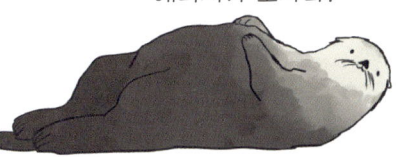

Chapter 2
바다의 사냥꾼!
상어의 친척

상어의 친척

수면 위로 머리를 내밀어 사냥감을 덮칠 수 있는 것은 백상아리뿐.

백상아리

《악상엇과》 *Carcharodon carcharias*

● 4.6~6m　▲ 홋카이도~규슈/러시아 남동부·온대 지역의 따뜻한 바다
♥ 해양 포유류, 큰 물고기

백상아리라는 이름은 흰 하복부에서 유래했다. 입에는 톱날 같은 삼각형의 이빨이 몇 줄에 걸쳐 돋아 있는데, 많게는 3000개나 된다.

사실은 인간을 습격하지 않는다?

가장 유명한 상어. 성질은 난폭하지만 적극적으로 인간을 잡아먹지는 않는다. 해수면 가까이에 있는 물범 등을 사냥할 때, 바닷속에서부터 돌진해서 그대로 공중으로 점프해 숨통을 끊기도 한다. 천적은 범고래로, 백상아리는 범고래가 보이면 바로 도망친다.

커다란 입!! 날카로운 이빨!! 인간까지 잡아먹는 백상아리!!

하지만 사실 특별히 인간을 즐겨 먹지는 않는다. 물범이나 물개와 헷갈리는 경우가 대부분이다.

상어 중에서 포악한 종류는 전체의 10분의 1 정도로 적은 데다 인간을 적극적으로 공격하는 상어는 없다.

성질이 포악한 상어들 — 백상아리, 뱀상어

배를 보면 암수를 구별할 수 있는데, 상어에게는 교미기가 두 개 있다.

있는 게 수컷.
없는 게 암컷.

가오리도 상어의 친척이라서 마찬가지로 두 개 있다.

상어의 친척

머리가 납작하고, 등과 옆구리는 회색이거나 갈색.

고래상어

《고래상엇과》 *Rhincodon typus*

- ● 12m ▲ 전 세계의 따뜻한 바다 ♥ 동물성 플랑크톤, 작은 물고기

고래상어는 거대하지만 얌전한 물고기라서 스쿠버 다이빙을 할 때 가까이 다가갈 수도 있다.

세계에서 가장 큰 물고기!

가장 큰 어류. 상어 중에서도 드물게 플랑크톤을 먹는 종이다. 회유어이며 5~10월경 일본 근해에 나타나기도 한다. 몸집이 크지만 움직임이 완만하고 얌전한 성격이라, 고래상어와 함께 수영할 수 있는 투어 프로그램도 있다.

상어의 친척

톱 같은 주둥이 한가운데에 한 쌍의 수염이 있다.

톱상어

《톱상엇과》 *Pristiophorus japonicus*

● 1.5m ▲전 세계의 바다 ♥해저의 작은 동물, 작은 물고기, 오징어, 갑각류

평소에는 해저에 살지만, 밤에는 수심이 얕은 곳에도 출몰한다.

톱상어는 맛있다?

일본에서도 발견되며 수심 800m보다 얕은 심해에 사는데, 40m정도의 깊이에서 발견되기도 한다(반대로 톱가오리는 수심 120m를 넘지 않는 곳에서 서식한다). 한 쌍의 수염으로 모래 속에 숨은 먹잇감을 찾을 수 있다. 톱상어 고기는 잡내가 없고 맛있다고 한다.

상어의 친척

몸길이와 꼬리지느러미의 길이가 거의 같다.
검은 반점이 있다.

제브라상어

《제브라상어과》 *Stegostoma fasciatum*

● 2~3.5m　▲ 인도양에서 서태평양까지의 따뜻한 바다, 홍해　♥ 조개, 문어, 갑각류

알을 낳는다. 저생동물로, 조간대에서부터 수심 100m 이내의 대륙붕에 서식한다.

암컷 혼자서 알을 낳는다?

암전한 상어로 수족관에서도 사육된다. 2m 넘게 크기도 하며, 꼬리지느러미가 무척 길다. 또 단위생식(수컷과 수정하지 않고 암컷이 혼자 새끼를 낳는 것)이 확인된 상어이기도 하다.

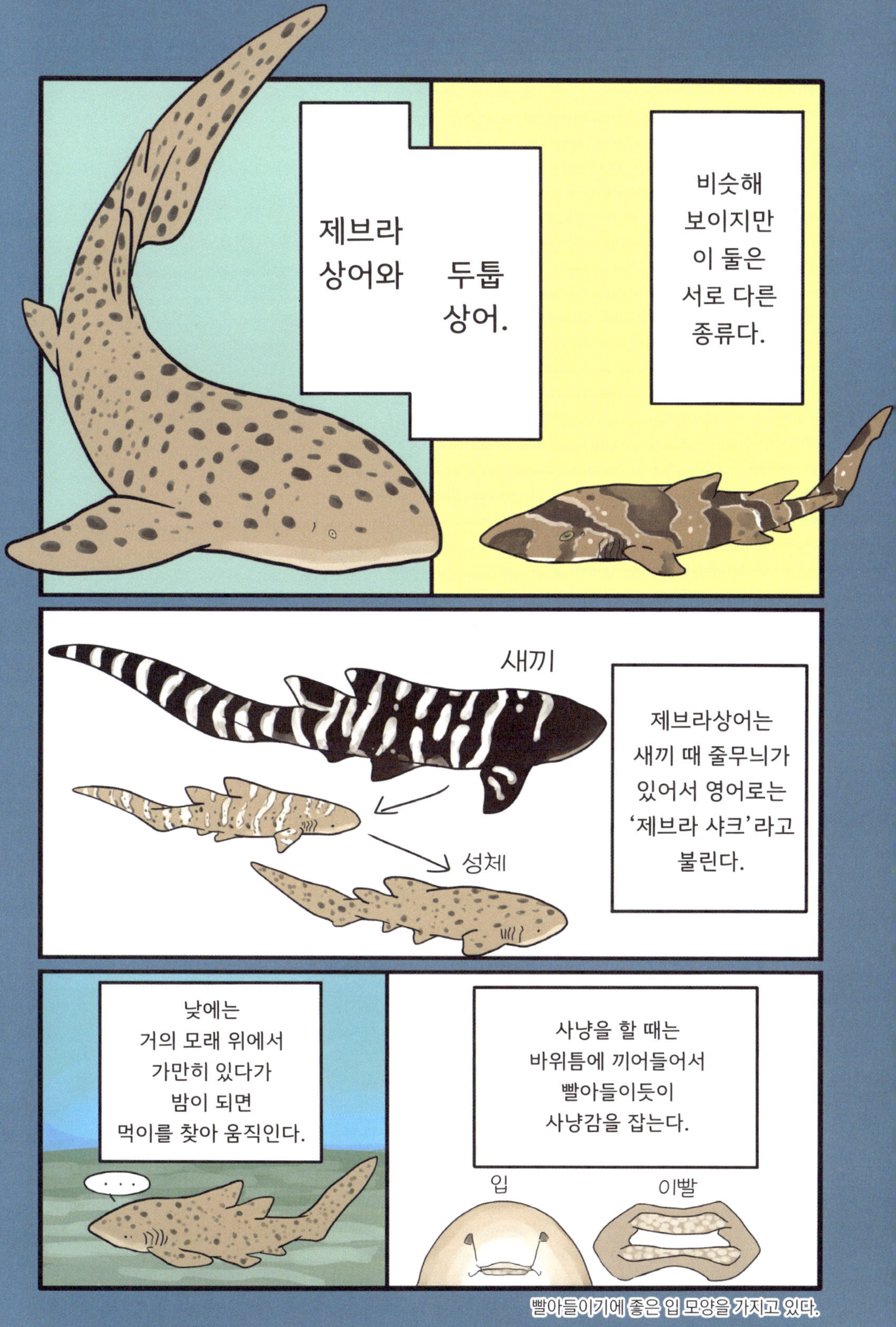

제브라 상어와 두툽 상어.

비슷해 보이지만 이 둘은 서로 다른 종류다.

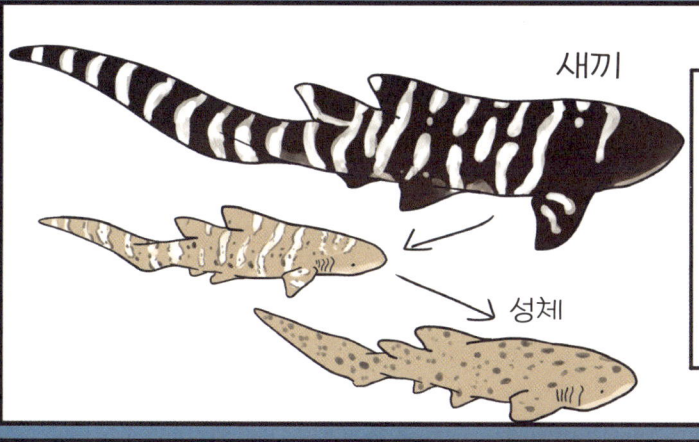

새끼

성체

제브라상어는 새끼 때 줄무늬가 있어서 영어로는 '제브라 샤크'라고 불린다.

낮에는 거의 모래 위에서 가만히 있다가 밤이 되면 먹이를 찾아 움직인다.

사냥을 할 때는 바위틈에 끼어들어서 빨아들이듯이 사냥감을 잡는다.

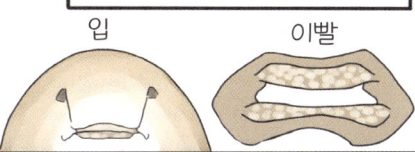

입   이빨

빨아들이기에 좋은 입 모양을 가지고 있다.

상어의 친척

망치 같은 T자형 머리가 특징.
눈이 양 끝에 달려 있어서 시야가 넓다.

귀상어

《귀상엇과》 *Sphyrna*

● 4~6m   ▲ 전 세계의 따뜻한 바다   ♥ 갑각류, 문어, 오징어 등

망치 모양의 머리 앞쪽에는 고감도 센서 역할을 하는 특별한 기관이 무수하게 많아서, 바닷속을 구석구석 탐색해서 먹이를 찾을 수 있다.

무리 지어 생활하는 상어

눈도 멀리 있지만 콧구멍도 멀리 떨어져 있는 독특한 얼굴을 가진 상어다. 상어는 보통 혼자 다니는 경우가 많은데, 드물게 무리를 짓는 종이기도 하다. 경계심이 강해서 인간을 습격하는 일은 거의 없다고 알려져 있지만 얕은 바다에도 출현하기 때문에 사람들이 먼저 사냥하기도 한다.

> 상어의 친척

— 이빨이 무척 위험하다.

뱀상어

《흉상엇과》 *Galeocerdo cuvier*

● 3.25~4.25m   ▲ 열대 및 아열대 해역   ♥ 뭐든지 먹는다.

물이 탁해서 앞이 잘 보이지 않는 연안을 좋아한다.

일단 물어뜯고 보는 괴상한 식성

백상아리와 마찬가지로 난폭한 성격. 호기심이 왕성해서 사람에게도 다가오며, 뭐든지 물어뜯기 때문에 사람을 공격하기도 한다. 튼튼한 이빨로 거북이 등껍질도 부술 수 있다. 주둥이는 뾰족하지 않고 납작하며, 로렌치니 기관이 보인다.

백상아리 다음으로 위험하다고 알려진 것이 바로 이 뱀상어다.

영어로는 타이거 샤크라고 하며, 특징적인 줄무늬가 있다.

이 무늬는 자라면서 옅어진다.

호기심이 왕성해서 먹을 것이 아니어도 입에 넣는다. 산호나 깡통, 비닐봉지까지 삼킬 정도라서….

'바다의 쓰레기통'이라고 불리기까지 한다.

상어의 친척

항상 2000L 이상의 물을 거르고 있는 커다란 입.

돌묵상어

《돌묵상엇과》 *Cetorhinus maximus*

● 10~15m　▲ 온대~아한대 해역　♥ 동물성 플랑크톤 등

고래상어에 이어 두 번째로 큰 몸집을 자랑하는 어종.

점프하는 상어!

10m를 넘기도 하는 대형 상어지만 얌전한 성격이며, 천천히 헤엄치면서 플랑크톤을 먹는다. 해수면에서 점프(브리칭이라고 불리는 행동)하기도 하는데, 기생충을 떨어뜨리기 위한 행동으로 추측된다. 아가미구멍이 다른 상어에 비해 커서, 몸을 한 바퀴 두를 수 있을 정도다.

46

거대한 입을 가진 돌묵상어! 인간도 한입에 꿀꺽….

하는 일은 없고, 고래상어와 마찬가지로 플랑크톤을 먹는 상어다.

고래상어 다음으로 크다.

천천히 헤엄칠래.

헤엄도 무척 천천히 치는 얌전한 성격이다.

때로는 역동적으로 점프를 한다. 브리칭이라고 하는데, 몸에 붙은 기생충을 털어내기 위해서라고 알려져 있다.

상어의 친척

불규칙하게 튀어나온 날카로운 이빨을 가지고 있다.

모래뱀상어

《치사상어과》 *Carcharias taurus*

● 2~3m　▲중부·동부 태평양을 제외한 전 세계의 따뜻한 바다　♥물고기, 갑각류, 오징어

저녁 이후부터 활동하며 낮에는 바위 그늘 등에서 움직이지 않는다.

얼굴은 무섭지만….

수면 위로 얼굴을 내밀어 공기를 빨아들여서 위에 저장할 수 있다. 날카로운 이빨이 튀어나와 있어서 무서워 보이지만 얌전한 상어라서 다이버들에게 인기가 많다. 수족관에서도 사육되고 있으며, 일본에서도 서식한다.

일본어 이름은 시로와니 (흰 악어) 인데,

이런 이름이 붙은 이유는 ….

먼 옛날 일본에서는 상어를 악어라고 불렀기 때문이다.

난생

태생

상어는 해초 등에 알을 낳는 난생과 ….

몸 안에서 알을 부화시켜 기르는 태생이 있다.

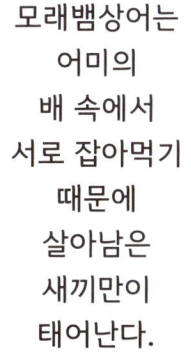
복상어 등

모래뱀상어 등

모래뱀상어는 어미의 배 속에서 서로 잡아먹기 때문에 살아남은 새끼만이 태어난다.

투닥
투닥

그래서 태어나는 새끼의 수가 무척 적은 종이기도 하다.

약간 무서운 얼굴이지만 얌전한 상어다.

\ 무섭지 않아요. /

상어의 친척

등지느러미에 가시가 있다.

괭이상어

《괭이상엇과》 *Heterodontus japonicus*

● 1.2m ▲ 한반도, 중국 동부, 타이완 ♥ 고둥, 성게 등

해초가 자라난 얕은 바다에 서식한다.

알을 밀어 넣는다!

1m 정도로 몸집이 작은 상어. 드릴 모양의 특이하게 생긴 알을 낳는데, 낳은 알을 물어서 바위 틈 등에 밀어 넣는다. 알은 낳은 직후에는 부드럽지만 차츰 딱딱해져서 물에 떠내려가지 않게 된다. 새끼는 약 1년에 걸쳐서 성장하고 약 20cm가 되면 부화한다.

정면

가시가 있다.

고양이 머리와 닮아서 괭이상어라는 이름이 붙었다고 한다.

괭이상어의 이빨

소라나 조개를 으드득 부수어서 먹는다.

으드득….

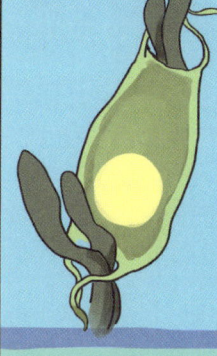

해초 등으로 감아 둔다.

복상어

두톱상어

바위 틈에 알을 낳아서 휩쓸려 가지 않도록 한다.

복상어나 두톱상어의 알은 생김새가 독특해서 인어의 지갑이라고도 불린다.

괭이상어의 알도 무척 특이한데, 드릴처럼 생겼다.

철갑상어의 친척

상어의 특징과 비슷하다.

용상어

《철갑상엇과》 *Acipenser medirostris*

● 1.5m ▲ 태평양 북부 ♥ 물밑의 작은 동물

담수와 해수 양쪽에서 사는 종도 있다.

상어지만 상어가 아니다?

상어라는 이름이 붙었지만 상어의 친척이 아니라 경골어류에 해당한다. 강과 호수 등의 담수에서 사는 개체가 많지만, 바다로 나갔다가 다시 강이나 호수로 돌아와 알을 낳는 개체도 있다. 캐비아로 유명하지만 살도 맛있다고 한다.

세계 3대 진미인 캐비아로 유명한 용상어.

그렇지만 사실은 상어가 아니다.

누구지?

저 녀석 상어 아니지 않아?

입이 아래쪽에 있어서 상어 같다. 이빨은 없고 입이 늘어난다.

비늘 형태가 나비 같고 상어와 비슷하게 생겨서 일본어로는 초자메 (나비상어)라고 불린다.

비늘

상어와 다른 점은 3억 년 전부터 존재한 고대어라는 점과…

콩팥이 있어서 냄새가 안 나고 맛있어서 해외에서는 살도 먹는다는 점.

먹히는 건가….

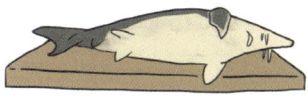

상어는 암모니아 냄새가 심해서 먹을 수 없는 경우가 많다.

상어의 친척

턱이 튀어나온 구조이지만 헤엄칠 때는 들어간다.

마귀상어

《마귀상어과》 *Mitsukurina owstoni*

- 3.9m ▲오스트레일리아 남동부, 남아프리카, 포르투갈 등
- ♥해저에 있는 작은 동물 등

수심 1000m가 넘는 심해에 사는 경우가 많다.

원시적인 구조를 가진 상어

살아 있는 상태로 포획되는 경우는 드물지만, 일본의 스루가만이나 사가미만에서 많이 발견된다. 독특하게 생긴 턱은 사냥할 때 재빠르게 뛰쳐나가기 위한 것으로, 평소에는 집어넣은 채로 헤엄친다. 돌출된 주둥이에는 로렌치니 기관이 있으며, 먹잇감을 찾기 위해 모래 속을 파헤칠 때도 사용한다고 한다.

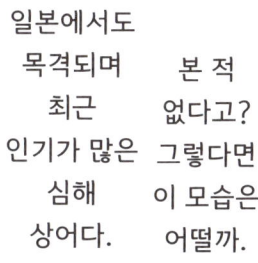

상어의 친척

턱을 내밀고 입을 돌출시켜서 입안으로 들어온 플랑크톤 등을 먹는다.

큰입상어

《큰입상어과》 *Megachasma pelagios*

● 5~7m　▲ 전 세계의 열대에서 온대 해역　♥ 동물성 플랑크톤 등

마귀상어와 더불어 원시적인 형태가 남아 있는 상어.

거대한 입으로 빨아들여서 먹는다

수심 200m 정도에서 산다고 알려져 있다. 커다란 입이 특징이며, 고래상어, 돌묵상어와 마찬가지로 플랑크톤이 주식인 흔치 않은 상어. 발견된 예가 적어서 아직 모르는 게 많지만, 일본 근해에서 자주 목격되고 포획된다.

상어의 친척

아가미구멍이 6쌍 있다.
장어처럼 몸을 꿈틀거리며 헤엄친다.

주름상어

《주름상어과》 *Chlamydoselachus anguineus*

● 약 2m ▲ 전 세계의 심해 ♥ 해저의 작은 동물, 오징어 등

개체 수가 적고 관찰이 어렵기 때문에 생태에 대해서는 상세하게 알려져 있지 않다.

심해의 상어

심해에 살며 상어 같지 않은 겉모습을 지녔다. 아가미에는 프릴 같은 주름이 있으며 아가미구멍이 턱 아래까지 이어질 정도로 큰데 특히 첫 번째 아가미는 몸을 한 바퀴 두를 정도이다. 발견된 사례가 적어서 사육되거나 전시되는 일은 드물다.

장어상어라는 별명도 있는, 심해에 사는 상어. 주름상어!

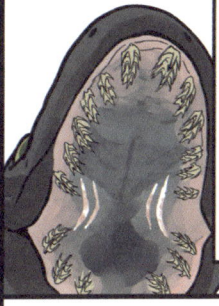

이 세 갈래의 이빨은 다른 상어에게서는 볼 수 없는 형태로

고대의 상어에게만 있는 특징이다.

아기가 있어요.

태생 동물로 임신 기간이 3년 이상!

사람은 10개월 정도.

보통 상어의 아가미는 5쌍인데, 주름상어는 6쌍이다.

붉은 부분이 주름 형태의 아가미인데 주름을 통해 효과적으로 산소를 들이마실 수 있다고 알려져 있다.

쑤욱

기다려~

먹이는 주로 오징어를 먹는데, 헤엄치는 속도가 느린 주름상어가 어떻게 재빠른 오징어를 잡는지는 수수께끼다.

상어의 친척

커다란 입으로 사냥감을 통째로 삼킨다.
때때로 갈색띠얼룩상어를 잡아먹기도 한다.

인도네시아수염상어

《수염상엇과》 *Eucrossorhinus dasypogon*

- 1.8m ▲오스트레일리아 북부, 뉴기니 근해
- 물고기, 갑각류, 오징어, 문어 등

낮에는 움직이지 않고 바위 그늘 등에서 숨어 있다가 먹잇감을 잡아먹는다.

의외로 흉폭하다?

산호초 같은 무늬로 의태해서 숨어 있다가 사냥감을 잡아먹는다. 낮에는 별로 움직이지 않다가 밤에 활발하게 돌아다닌다고 한다. 가만히 있으면 얌전해 보이지만, 눈앞에 손을 내밀면 물기도 한다.

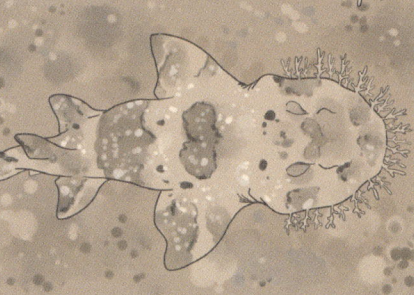

농어의 친척

몸길이가 40cm 전후로 클 때까지는 몸에 있는 빨판으로 큰 물고기에 달라붙어서 자라며, 성장하면 자유롭게 헤엄친다.

빨판상어

《빨판상엇과》 *Echeneis naucrates*

● 1m ▲ 전 세계의 따뜻한 바다, 지중해 ♥ 작은 물고기, 새우류, 오징어 등

상어라는 이름이 붙어 있지만 농어목에 속하며, 상어류와는 관계없는 종이다.

혼자 있으면 의외로 크다

상어는 연골어류이지만, 빨판상어는 경골어류이며 농어목에 해당한다. 시중에 유통되지는 않지만 흰살 생선이며 맛있다고 한다. 고래상어나 대왕쥐가오리가 워낙 크다 보니 빨판상어의 크기를 가늠하기 어렵지만 1m를 넘는 개체도 있는 큰 물고기다.

고래상어나 대왕쥐가오리에 종종 붙어 있는 물고기가 있다.

타원형 빨판

빨판상어라는 물고기다.

이름은 상어이지만 상어의 친척은 아니다.

머리에 붙은 빨판으로 다른 물고기에 들러붙는다.

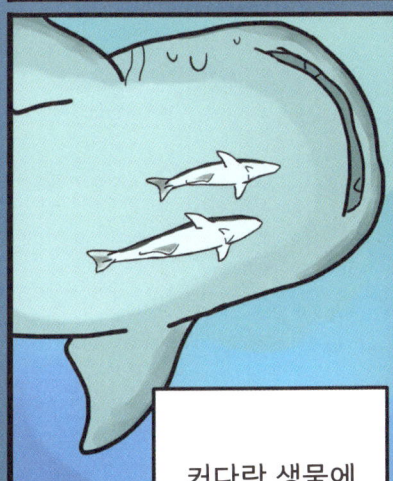

빨판은 뒤로 당겨질수록 저항이 강해져, 고래상어가 뒤로 끌려갈 정도로 흡착력이 좋다.

게다가 고래상어한테 좋은 점은 없다.

커다란 생물에 붙어서 몸을 지키고 남은 먹이를 얻어먹는 똑똑한 생물.

＼이만 갈게!!／

반대로 떠나고 싶을 때는 빨판상어가 앞쪽으로 헤엄치면 간단하게 떨어진다.

Chapter 3
이게 다 농어라고?
농어의 친척

농어의 친척

몸이 가늘고 길며 납작하다.

농어

《농엇과》 *Lateolabrax japonicus*

● 1m ▲일본 각지의 연안, 한반도 남안 ♥작은 물고기, 갑각류

새끼 때는 등 부근과 등지느러미에 검은 점이 퍼져 있기도 하며, 성장하면서 사라지기도 한다.

바다에서도 강에서도 인기

새끼 때는 껄떼기, 아주 커지면 따오기라고 불린다. 대형 어종이며, 낚시꾼들 사이에서는 '시바스'라는 이름으로 불리는 인기 있는 물고기다. 또 담수에서도 살 수 있어서 하구나 강에서 발견되기도 한다. 여름이 제철이고, 깨끗한 흰살을 지녔으며 담백하고 맛이 좋다.

인조 미끼를 사용하는 루어 낚시에서 인기 많은 농어.

농어 가족

농어목에 속한 물고기는 1만 종 이상이라 유명한 물고기도 많다.

참돔

혹부리놀래기

참치

방어

흰동가리

가다랑어

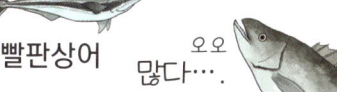
빨판상어

오오 많다….

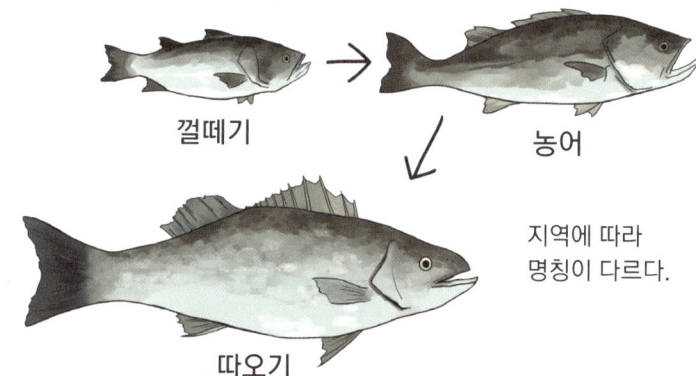

껄떼기 → 농어

따오기

지역에 따라 명칭이 다르다.

성장하면서 이름이 달라지며, 행운의 상징이기도 한 맛있는 물고기다.

그렇다면 왜 값이 쌀까?

잡을 때 죽어버리거나 제철이 아닐 때는 맛이 떨어지기 때문이다.

반대로 제철 활어는 값이 비싸며 회나 소금구이 등으로 맛있게 먹을 수 있다.

농어의 친척

등은 암청색, 배는 은백색.

방어

《전갱잇과》 *Seriola quinqueradiata*

● 1.2m ▲일본 각지의 연안, 한반도 ♥작은 물고기, 갑각류, 오징어, 문어 등

헤엄치는 속도가 시속 40km 정도인 회유어.

운동해서 빨갛다?

방어는 회유어인데, 대규모로 이동하는 개체도 있는가 하면 중간 규모로 이동하는 개체, 또 같은 해역에 오랫동안 머무는 개체도 있다. 운동량이 많은 회유어는 산소를 옮기는 헤모글로빈, 산소를 축적하는 미오글로빈에 의해 살이 붉어지고, 그렇지 않은 생선들은 살이 흰색인데, 방어는 개체에 따라 제각각이다.

방어

가장 큰 차이는 가슴지느러미와 노란색 선이 붙어 있지 않은 점.

부시리

헷갈리는 생물 퀴즈에 나올 법한 문제.

방어와 부시리는 숨은그림찾기 수준으로 닮았다.

양식 방어는 '하마치'라고 일본어로 부르기도 하고….

강원도에서는 15cm 이내면 떡마르미, 40cm 내외는 이배기, 60cm 이상은 사기.

헷갈려.

경상북도에서의 명칭

곤지메레미
↓
떡메레미
↓
메레기
↓
방어

방어는 자라면서 이름이 달라지는데, 크기나 지역에 따라 차이가 커서 더더욱 헷갈린다.

또야?

잘 부탁해!

그리고 방어 또한 농어목이다.

부시리도 농어목.

> 농어의 친척

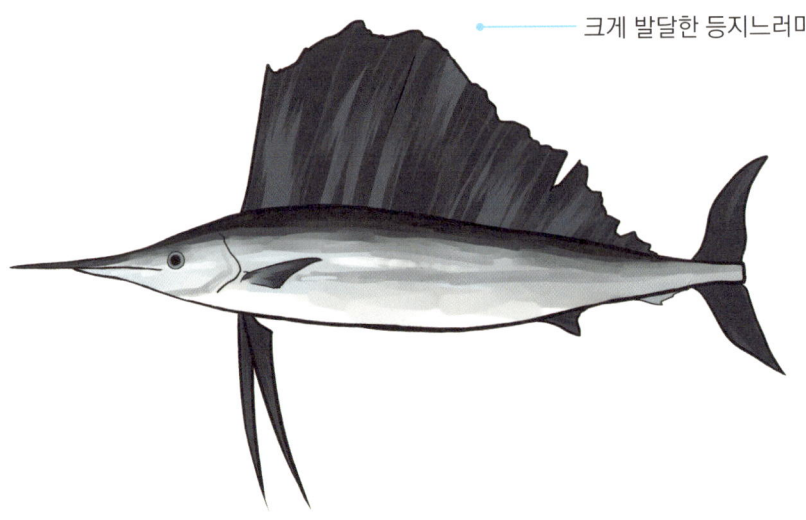

크게 발달한 등지느러미.

돛새치

《돛새치과》 *Istiophorus platypterus*

- 1.7~3.4m ▲태평양과 대서양의 따뜻한 바다 ♥작은 물고기, 갑각류, 오징어, 문어

회유어지만 새치류 중에서는 연안 가까이 가는 습성이 제일 두드러진다.

주둥이는 원래 찌르는 용도가 아니다

긴 주둥이가 특징으로, 일부러 찔러서 공격하는 건 아니지만 다른 물고기가 멋대로 찔리기도 한다. 그럴 때는 주둥이를 격하게 흔들어서 먹잇감을 빼내어 잡아먹는다. 돛처럼 생긴 등지느러미는 재빠르게 헤엄치기 위해서 접을 수도 있으며, 작은 물고기에게 위협을 가할 때나 갑자기 멈출 때는 펼칠 수도 있다.

물속에서 가장 빠르게 헤엄친다고 알려진 돛새치!

순간적으로 내는 속도가 가장 빠르다고 한다.

돛처럼 생긴 등지느러미와 검처럼 길쭉한 주둥이가 특징이다.

날카롭고 뾰족하지만 주둥이로 찔러서 사냥을 하는 건 아니다.

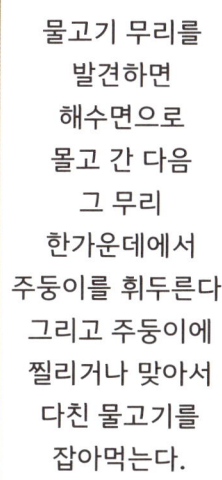

물고기 무리를 발견하면 해수면으로 몰고 간 다음 그 무리 한가운데에서 주둥이를 휘두른다. 그리고 주둥이에 찔리거나 맞아서 다친 물고기를 잡아먹는다.

돛새치도 무리 지어 사냥을 하므로, 먹잇감은 날카로운 칼날들에 둘러싸이는 셈이다.

작은 물고기도 무리지어 다니기 때문에 사냥에서 허탕치는 돛새치도 없다.

농어의 친척

가슴지느러미가 짧다.

참다랑어

《고등엇과》 *Thunnus orientalis*

● 3m　▲ 북·서태평양　♥ 물고기, 오징어 등

무리 지어 다니며 연안 부근을 회유한다.

튜나=다랑어?

대형 육식어종으로 3m까지 크는 개체도 있다. 헤엄치지 않으면 죽으며, 붉은살 생선으로 초밥이나 회로 많이 먹는 물고기. 'tuna'는 다랑어 전반을 가리키며, 가다랑어 등을 포함하기도 한다. 돛새치는 다랑어의 친척이 아니다.

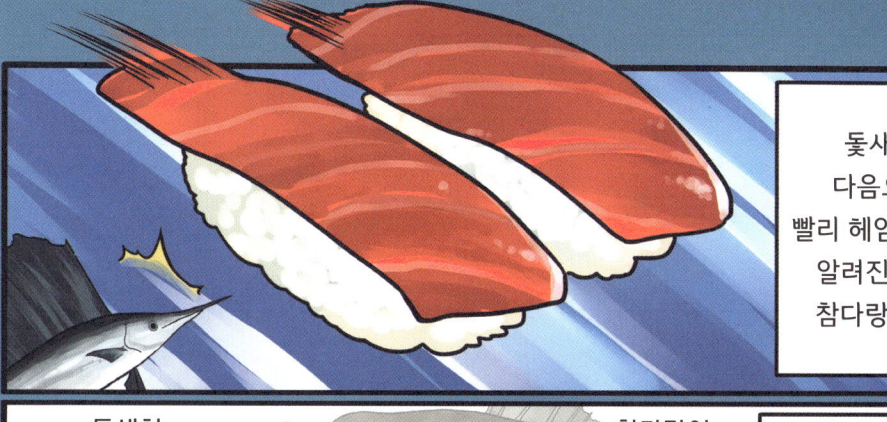

돛새치 다음으로 빨리 헤엄친다고 알려진 것이 참다랑어다.

돛새치
농어목 돛새치과

참다랑어
농어목 고등엇과

또 농어야?

새치류 물고기와 헷갈리는 경우가 많지만 서로 과가 다르다.

산소

헤엄치지 않으면 죽는데, 호흡을 할 수 없게 되기 때문이다.

다랑어의 살이 붉은 이유는 산소를 축적하는 미오글로빈, 산소를 운반하는 헤모글로빈이 많이 들어 있기 때문이다.

회유를 위해 많이 움직이려면 산소가 많이 필요하므로 자연스레 살이 붉어진다.

입을 벌린 채 헤엄쳐서 산소를 빨아들이고 아가미로 물을 통과시켜 숨을 쉰다.

가다랑어도 붉은살.

등살
속살
중뱃살 중뱃살 대뱃살

밤에는 천천히 헤엄치며 잔다.

백상아리나 가다랑어, 방어도 같은 호흡법.

방어나 부시리는 중간어(흰살과 붉은살의 중간).

농어의 친척

꼬리지느러미의 가장자리가 검다.

참돔

《도밋과》 *Pagrus major*

● 약 1m ▲ 일본 근해에서 동중국해 ♥ 작은 물고기, 갑각류, 문어, 오징어

수심 20~200m의 바다에 서식한다.

도미 중의 도미

도미라고 하면 참돔을 가리키는 경우가 많다. 일본어로는 '경사스럽다.'라는 말과 발음이 비슷해서 일본인들은 재수가 좋은 생선으로 여기며, 맛도 좋아서 귀한 생선으로 취급된다. 갑각류나 조개류를 먹기 때문에 이빨이 날카롭다. 심해 20~200m에 살며, 낚시꾼들에게도 인기. '~돔'이라는 이름이 붙지만 도밋과가 아닌 물고기도 많다.

농어의 친척

몸길이가 50cm를 넘으면 혹이 발달하면서 수컷이 된다.

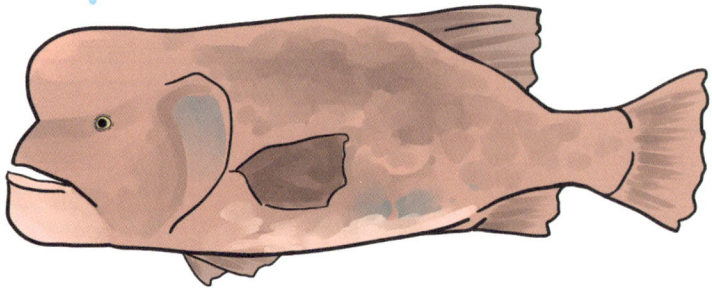

혹돔

《놀래깃과》 *Semicossyphus reticulatus*

● 1m ▲ 동해, 동중국해, 남중국해 ♥ 갑각류, 조개류, 문어, 오징어 등

하렘을 만드는 성질이 있으며,
자기 영역에 들어온 다른 수컷을 공격한다.

도미가 아닌 도미

도미의 친척은 아니고, 혹부리놀래기와 마찬가지로 농어목 놀래깃과다. 식용으로도 이용되며 겨울이 제철이고, 크기가 클수록 맛있다고 한다. 간혹 암컷인데도 혹이 큰 경우가 있다.

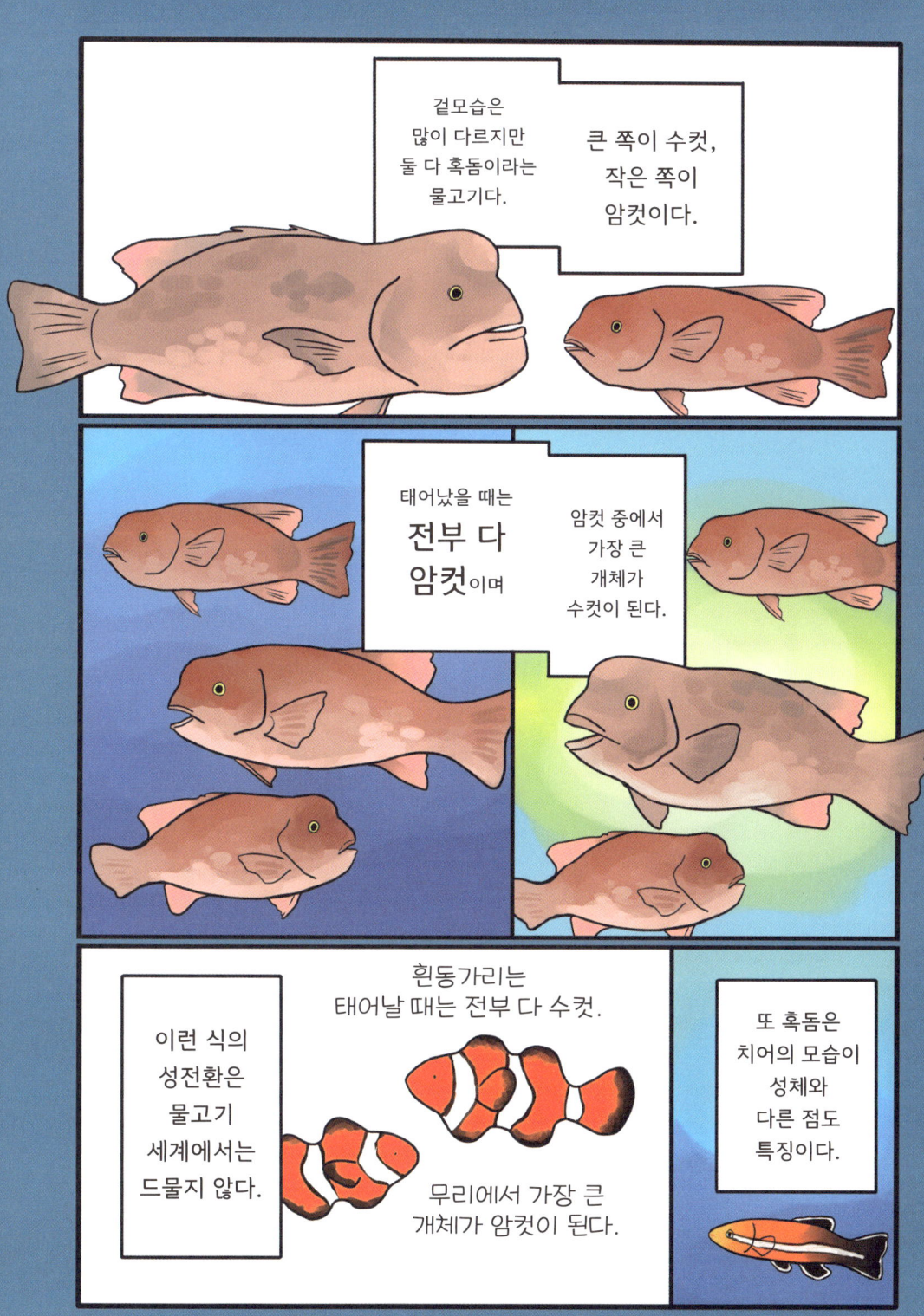

농어의 친척

등 쪽은 짙은 남색이고
배 쪽은 무늬 없는 은백색.

가다랑어

《고등엇과》 *Katsuwonus pelamis*

● 1m　▲ 전 세계의 온대·열대 해역　♥ 물고기, 갑각류, 문어, 오징어 등

여름에 구로시오 해류와 오야시오 해류가 만나는 산리쿠 해안 앞바다 주변까지 북상하며 가을에 오야시오 해류의 세력이 강해지면 남하한다.

먹이를 쫓으면 무늬가 생긴다

가다랑어는 등에서 배에 걸친 가로줄무늬가 있는데, 이 무늬는 살아 있는 동안에는 먹이를 쫓을 때 등에 떠오른다. 반대로 죽었을 때는 머리에서 꼬리에 걸쳐 검은 세로줄무늬가 생긴다(물고기의 무늬 방향은 머리를 위, 꼬리를 아래로 둔 상태에서 부른다).

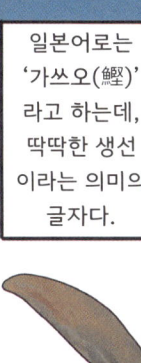
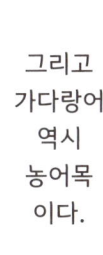

일본어로는 '가쓰오(鰹)'라고 하는데, 딱딱한 생선이라는 의미의 글자다.

가다랑어를 훈제해서 양성 곰팡이를 피운 것이 가쓰오부시(가다랑어포)다.

그리고 가다랑어 역시 농어목이다.

가다랑어도 다랑어와 마찬가지로 회유어이며 붉은살 생선이라 호흡법도 같다.

안녕!

또 농어야?

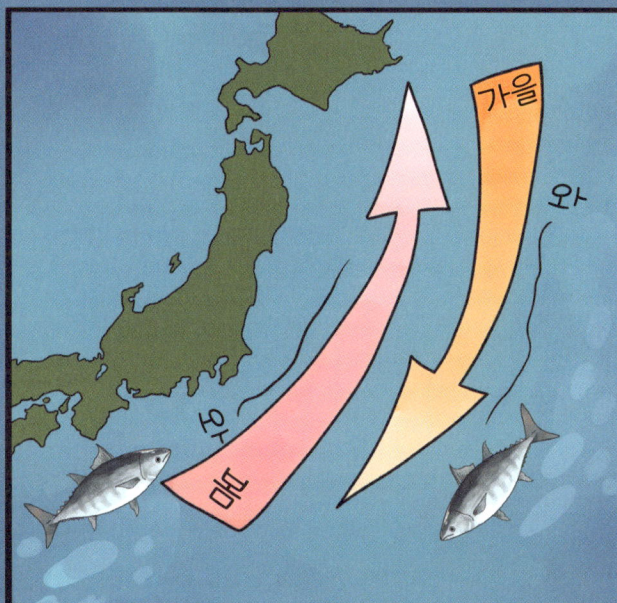

가다랑어는 두 번 제철이 있는데, 북상한 봄철 가다랑어와

가을에 남하해서 돌아온 가을철 가다랑어가 맛이 좋다.

또 먹히는 건가….

봄철 가다랑어는 깔끔하고 담백한 맛이며, 가을철 가다랑어는 지방이 많아 감칠맛이 있다고 한다.

금눈돔의 친척

눈이 거울 같은 구조로 되어 있어서 어두침침한 환경에서도 잘 본다.

빛금눈돔

《금눈돔과》 *Beryx splendens*

● 50cm　▲ 전 세계의 바다　♥ 물고기, 갑각류, 오징어 등

수심 400~600m의 암초에 사는 심해어.

붉은 빛은 심해에 닿지 않는다?

빛금눈돔이 사는 400~600m의 심해는 빛이 거의 도달하지 않아서, 더 잘 보기 위해 눈이 진화했다. 그러나 붉은 빛은 도달하지 않아서 붉은색을 볼 수 없다. 빛금눈돔의 붉은 몸은 심해에서는 어둠으로밖에 보이지 않는 것이다.

조림이나 회로 먹으면 맛있는 빛금눈돔.

"이름에 돔이 붙으니까 참돔의 친척이겠지."라고 생각하기 쉽지만….

관계없음

빛금눈돔은 금눈돔목이고 참돔은 농어목이라 다른 종류다.

빛금눈돔은 심해 400~600m에 살며 눈이 크고 금빛으로 빛난다. 조금이라도 더 많은 빛을 흡수하기 위해 눈이 진화한 것은 심해어의 특징이다.

눈이 금빛으로 보이는 것은 망막 뒤쪽에 있는 휘판이라는 층이 빛을 반사하기 때문이다.

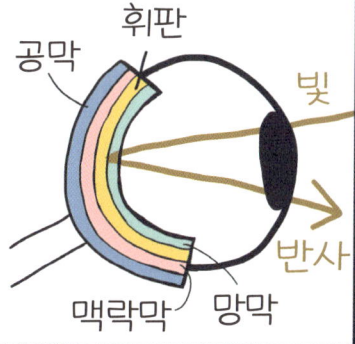

공막 / 휘판 / 빛 / 반사 / 맥락막 / 망막

빛을 반사시킴으로써 적은 빛으로도 앞을 볼 수 있다. 고양이 눈에도 휘판이 있는데, 어둠 속에서 눈이 빛나 보이는 것은 그 때문이다.

마찬가지로 눈이 진화한 심해어 친구

> 농어의 친척

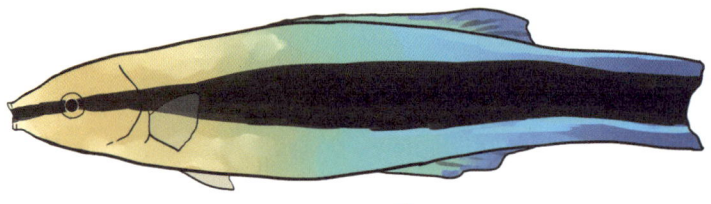

— 가운데에 한 줄의 검은 선이 있다.

청줄청소놀래기

《놀래깃과》 *Labroides dimidiatus*

● 12cm ▲ 인도양~중부 태평양 ♥ 기생충(등각류) 등

산호초나 암초 주변에 서식한다.

청소부 물고기

농어목에 해당하며 바다의 청소부로 유명하다. 청줄청소놀래기가 있으면 다른 물고기가 청소해 달라고 다가오기도 한다. 성전환을 하는 어종은 많지만, 청줄청소놀래기는 암수 양쪽으로 성전환을 한다(한번 수컷으로 변한 뒤에도 다시 암컷으로 돌아올 수 있다).

청줄청소놀래기는 청소부 물고기로 유명하다.

다른 물고기의 몸에 붙은 기생충 등을 먹는다.

때로는 입안까지 들어가기도 한다.

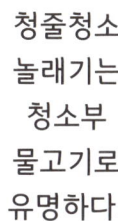

청소를 받은 물고기는 기생충에서 해방되고 청줄청소놀래기는 배불리 먹을 수 있다.

이렇듯 서로에게 이익이 되는 생활 방식을 공생이라고 한다.

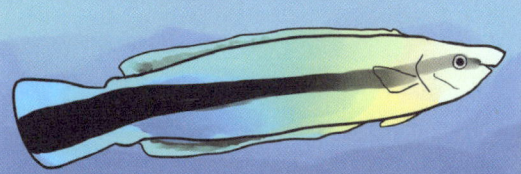

그리고 청줄청소놀래기와 똑 닮은 '가짜청소고기'라는 물고기가 있다.

왜 똑 닮았느냐 하면….

청줄청소놀래기인 척을 하며 다른 물고기의 몸을 뜯어먹는다.

먹이를 얻기 위해 일부러 의태하는 것이다.

Chapter 4

특이한 종?
동갈치·연어·가자미
등의 친척

동갈치의 친척

두 턱이 길고 뾰족하다.

동갈치

《동갈칫과》 *Strongylura anastomella*

● 1m ▲ 남중국해~러시아 남동부 ♥ 물고기, 갑각류 등

만안을 무리 지어 회유한다. 뼈는 청색과 녹색이다.

낚시할 때 주의

빛 반사에 반응하여 맹렬하게 돌진하는 습성이 있는데, 잠수복도 관통하기 때문에 밤에 헤엄치는 다이버 등은 손전등을 켤 때 주의해야 한다. 또 낚싯바늘에 걸리기도 하는데, 이빨이 매우 날카로우므로 낚싯바늘을 뺄 때도 위험하다. 뼈가 많지만 맛은 나쁘지 않다고 한다.

바다에는 위험한 생물이 많다.

성질이 포악한 상어? 독을 지닌 해파리? 그 밖에도 무시무시한 생물이 있는데 그건 바로….

이 동갈치다.

"이렇게 가늘고 약해 보이는데?"라고 생각할지도 모른다.

그러나 어업에 종사하는 사람들은 무서워하는 물고기다.

동갈치는 빛에 반응해서 맹렬하게 돌진하는 습성이 있기 때문이다.

밤에 바닷속에서 손전등을 켜면….

동갈치가 엄청난 기세로 몸을 찌르는데, 물속에서는 피하기 어려워서 몸을 관통하기도 한다.

작은 물고기 등의 비늘이 반사하는 빛에 반응하여 돌진.

> 동갈치의 친척

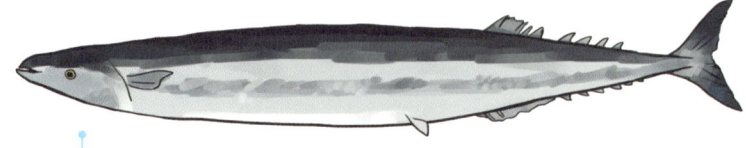

└ 머리가 작으며 가늘고 길다.

꽁치

《꽁칫과》 *Cololabis saira*

● 40cm ▲ 북태평양 ♥ 물고기, 갑각류, 동물성 플랑크톤 등

계절에 따라 넓은 범위를 회유하는 물고기로 알려져 있다.

꽁치의 비늘은 벗기기 쉽다

가을 진미로 알려진 회유어. 최근에는 일본 근해로 많이 오지 않아서 잘 잡히지 않는다. 꽁치의 비늘은 무척 벗기기 쉬워서 어획할 때 대부분 떨어져 버리는데, 드물게 꽁치가 비늘을 삼켜 버려 내장에서 나오는 경우도 있다.

또 먹히는 건가….

꽁치는 '추도어(秋刀魚)'라고도 하는데, 이름대로 칼처럼 생겼으며 동갈치의 친척이다.

….

참고로 이름이 칼에서 유래된 갈치는 농어목이다.

맛있다.
맛있다.
내장은 이것뿐.

무위어 라고 한다.

꽁치는 **위가 없다.** 먹이를 먹어도 배 속에 쌓이지 않고 바로 소화 기관으로 이동한다.

따라서 수십 분 만에 소화하고 배설하므로 내장에 쓴맛이나 냄새가 없다.

꽁치가 빛에 모여드는 습성을 이용해서 어획은 밤에 이루어진다.

와

그러면 야간에 아무것도 먹지 않아 텅 비고 깨끗한 내장을 지닌 꽁치를 잡을 수 있다.

먹어도 먹어도 배가 고파~.

그러게 말야~.

연어의 친척

위턱이 튀어나왔다.

연어

《연어과》 *Oncorhynchus keta*

● 1.1m　▲ 북태평양　♥ (하천)수생 생물, (바다)크릴새우, 물고기 등

하천에서 태어나 바다로 나갔다가, 산란하기 위해 태어난 하천으로 다시 돌아가는 습성이 있다.

연어는 후각이 좋다?

일본어로는 '가을의 맛'을 뜻하는 '아키아지'라고도 불리며, 제철이 아닐 때 잡히는 연어는 '때를 모른다'는 뜻의 '도키시라즈'라고 한다. 연어알을 뜻하는 '이쿠라'는 러시아어로 생선 알을 의미한다. 태어난 강으로 돌아갈 수 있는 이유는 정확하게 알려져 있지 않지만, 냄새를 따라 가는 것으로 추측된다.

넙치 / 가자미의 친척

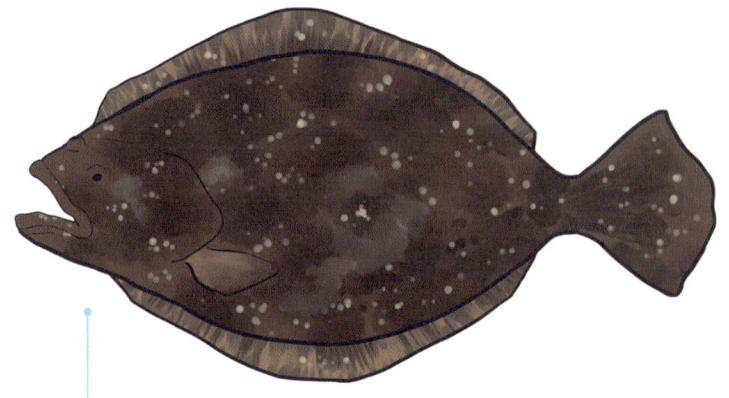

넙치는 두 눈이 왼쪽에, 가자미는 오른쪽에 있다.

넙치 / 참가자미

《넙칫과/가자밋과》 *Paralichthys olivaceus /*
Pseudopleuronectes herzensteini

● 80cm/50cm ▲ 쿠릴 열도~남중국해/서해~동중국해 ♥ 물고기, 갑각류 등

참가자미는 수심 100m보다 얕은 바다에 살며,
넙치는 그보다 깊은 수심 200m의 해저에 살기도 한다.

입 크기가 식생활의 증거

넙치와 가자미의 입 크기가 다른 건 식생활 때문이다. 넙치는 작은 물고기나 갑각류를 잡아먹기 때문에 입이 크고 이빨도 날카롭다. 한편 가자미는 해저를 이동하면서 작은 새우나 조개를 먹는다. 사냥감을 잡아먹는 공격적인 넙치와 달리, 가자미는 얌전하다고 할 수 있다.

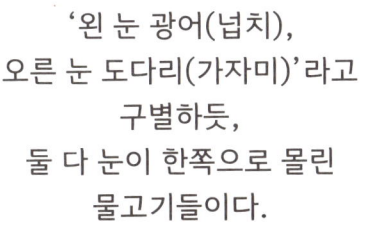

'왼 눈 광어(넙치),
오른 눈 도다리(가자미)'라고
구별하듯,
둘 다 눈이 한쪽으로 몰린
물고기들이다.

넙치 　　　　　 가자미

새끼 때는 다른 물고기와
마찬가지로
양쪽에 눈이 달려 있지만
성장하면서 서서히
위치가 달라진다.

넙치

가자미

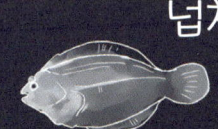

그러나 이 '좌우 구별법'에는
예외도 존재해서
'헷갈리는 생물 퀴즈'가
생기고 말았다.

그러던 중 넙치는
입이 크고
가자미는 작게
오므린 입이라는
'입 크기 구별법'이
알려지면서
세계에 평화가
찾아왔다.

강도다리
가자미
인데
얼굴이
왼쪽.

그런데
가자미인 주제에
넙치만큼
큰 입을 가진 종도
나타나면서
다시금 헷갈리는
생물 퀴즈가 되고
말았다.

용가자미

이런….

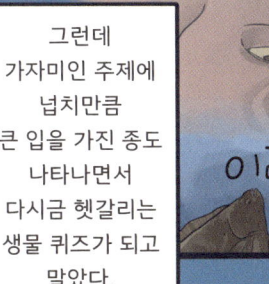

강도다리: 해외에서는 오른쪽으로 쏠린 개체도 있다.

쏨뱅이의 친척

가만히 있으면 바위인지 물고기인지 구별하기 어렵다.

쏠치

《쑤기미과》 *Synanceia verrucosa*

● 40cm ▲ 인도양, 서태평양, 홍해 ♥ 작은 물고기, 갑각류, 문어, 오징어 등

산호초나 암초 밑바닥에 서식한다.

만지면 위험해!

따뜻한 바다에 서식하며, 개체에 따라 색은 다르지만 다들 바위에 이끼가 돋아난 듯한 겉모습으로 의태해서 숨어 있다가 사냥감을 잡는다. 등지느러미, 배지느러미, 꼬리지느러미의 가시에 독이 있다. 위험한 생물이지만 흰살 생선이고 맛있어서, 일반적이지는 않지만 먹기도 한다.

쏨뱅이의 친척

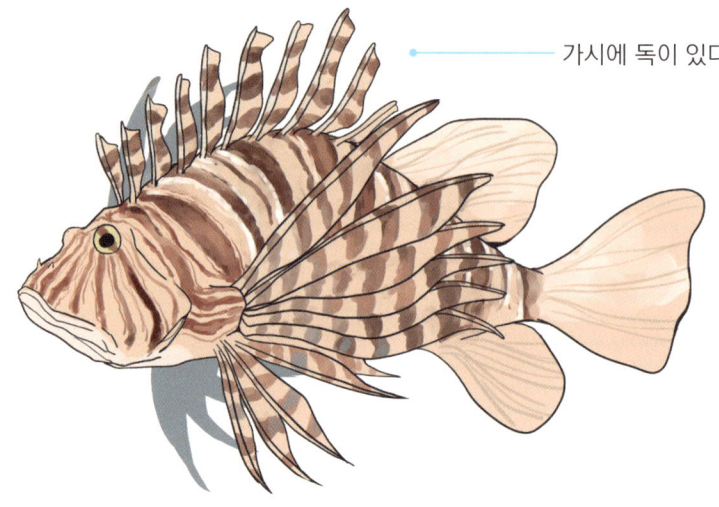

가시에 독이 있다.

쏠배감펭

《양볼락과》 *Pterois lunulata*

● 30cm　▲서태평양　♥작은 물고기, 조개류, 갑각류 등

야행성으로 암초의 얕은 곳에 서식한다.

아름다운 것에는 독이 있다?

암초 지역이나 산호초에 서식하며 커다란 가슴지느러미와 등지느러미가 눈길을 끈다. 겉모습은 화려하고 아름답지만 독이 있으며, 도망치기는커녕 인간을 향해 다가오기도 한다. 수족관에서도 사육되고 있다. 흰살 생선으로 맛이 좋다고 한다.

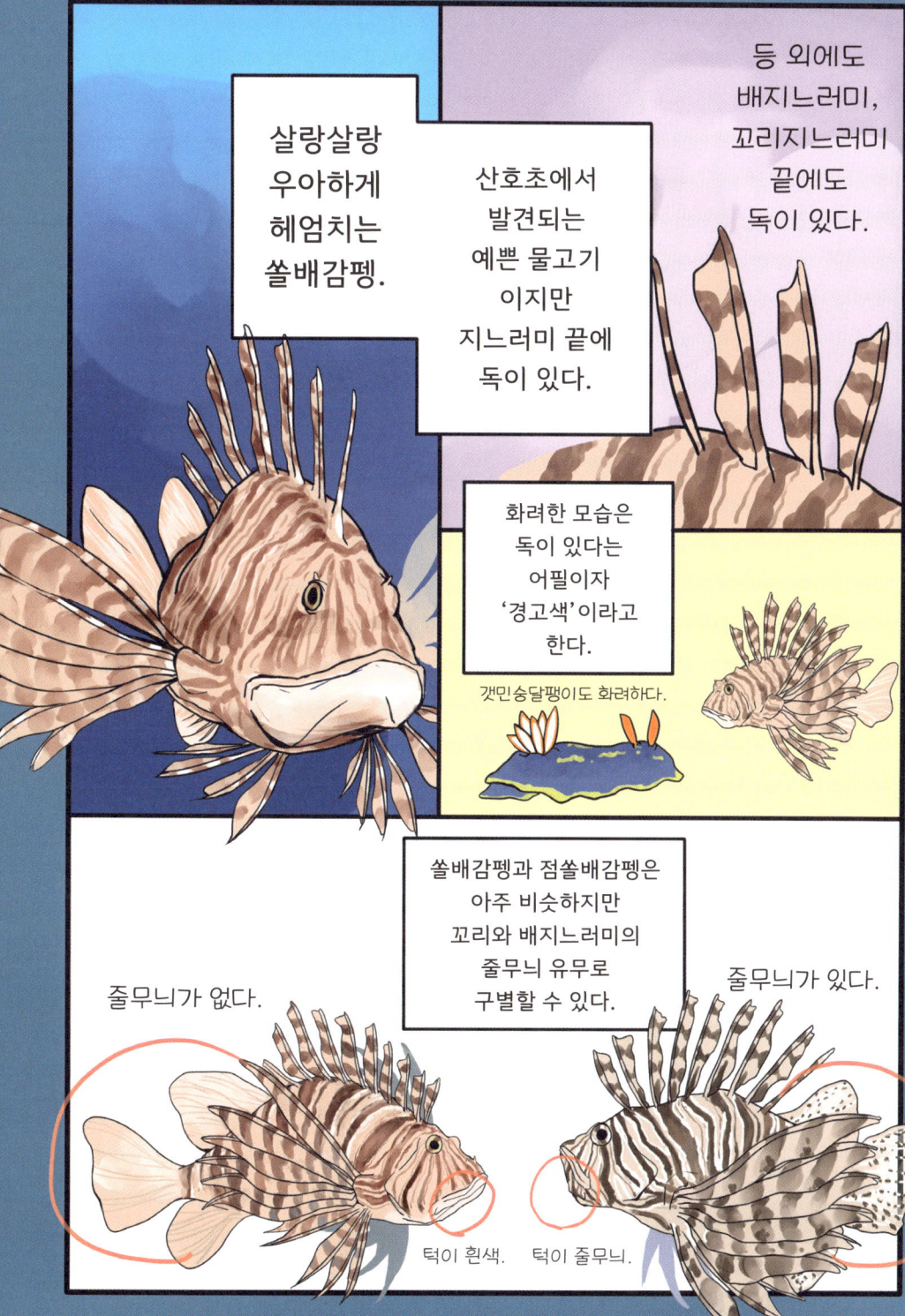

복어의 친척

턱의 힘이 강해서 살아 있는 복어의 입에 손가락을 넣는 것은 위험하다.

자주복

《참복과》 *Takifugu rubripes*

● 70cm ▲ 서해~동중국해 ♥ 물고기, 조개류, 갑각류 등

수심 200m보다 얕은 바다에 무리를 지어 서식한다.

독은 어디에나 있다

자주복은 복어 중에서도 몸집이 큰 종류로 70cm까지 자라며, 가장 맛있다고 알려진 종이다. 그러나 테트로도톡신을 가지고 있기 때문에 위험하며, 복어의 종류에 따라 독이 있는 부위가 다르다. 특히 난소, 간은 종류와 관계없이 먹지 않는 편이 좋다.

복어는 독을 가지고 있는 것으로 유명하다.

자주복

이 독은 테트로도톡신이라고 하는데, 복어 이외의 물고기도 가지고 있는 경우가 있다.

검복

까치복

복섬

심지어 복어에 따라 독을 가지고 있는 부위나 독의 세기가 다양해서 조리사 면허가 없으면 손질할 수 없다.

테트로도톡신은 신경 전달을 차단한다.

입술이나 혀끝이 저리고 구토와 두통 등의 증상을 보인다. 몸을 잘 움직일 수 없어서 말도 할 수 없게 된다.

그래서 신호를 잘 보낼 수 없어 마비나 호흡 곤란에 빠진다.

복어의 독은 태어날 때부터 존재하는 게 아니라 몸속에서 서서히 만들어지는 것이다.

세균을 먹은 조개를 야생 복어가 먹으면 독이 생기는데, 양식장에서는 사람이 주는 먹이로 독이 없는 복어를 기르는 데 성공하기도 했다.

복어는 스트레스를 받으면 몸 표면에서 독을 방출해 몸을 지킨다.

돌고래는 이 독에 기분 좋게 취하기 때문에 일부러 장난을 걸기도 한다.

실러캔스의 친척

둥근 지느러미가 특징.

실러캔스

《실러캔스과》 *Latimeria chalumnae*

● 2m ▲ 아프리카 남동부 ♥ 물고기 등

과학자들은 실러캔스가 물고기에서 양서류 등의 육생 동물로 진화하는 초기 단계라고 생각하고 있다.

살아 있는 화석, 거꾸로 서서 수영한다?

실러캔스는 국제 조약에 의해 상업적 포획을 할 수 없으므로 수족관에서 살아 있는 모습은 볼 수 없다. 거꾸로 서서 헤엄치며 먹이를 먹는다고 알려져 있으며, 살은 무척 맛없다고 한다.

실러캔스는 6500만 년 전에 멸종했다고 알려졌던 살아 있는 화석이다.

다른 물고기와 달리 등뼈 대신 기름 같은 체액이 가득 찬 관 형태의 척추가 있다.

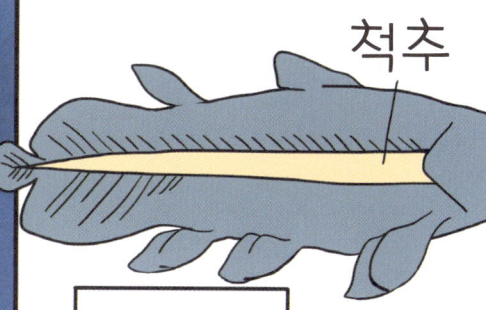
척추

실러캔스란 고대 그리스어로 '속이 빈 등뼈'라는 의미다.

실러캔스의 학명은 살아 있는 종을 발견한 사람의 이름과 발견한 지역에서 딴 것이다.

꼬리지느러미는 그다지 움직이지 않고 가슴지느러미를 이용해서 걷듯이 헤엄친다.

참고로 살이 맛없어서 지금까지 살아남을 수 있었다는 얘기도….

….

샛멸의 친척

투명한 머리에 커다란 눈이 위쪽을 향해 달려 있다.

통안어

《통안어과》 *Macropinna microstoma*

- ●15cm ▲북태평양 ♥해파리 등

수심 400~800m의 심해에 서식한다.

녹색은 태양빛 차단

위쪽을 잘 보기 위해 머리를 투명하게 만든 놀라운 심해어. 녹색 눈은 해파리 등이 생물 발광(자신의 그림자를 숨기기 위해 빛을 내는 위장술) 시에 발하는 빛만을 잡기 위해 태양빛을 거르는 필터 역할을 한다고 한다.

Chapter 5
아이들도 좋아해!
가오리·문어·오징어 등

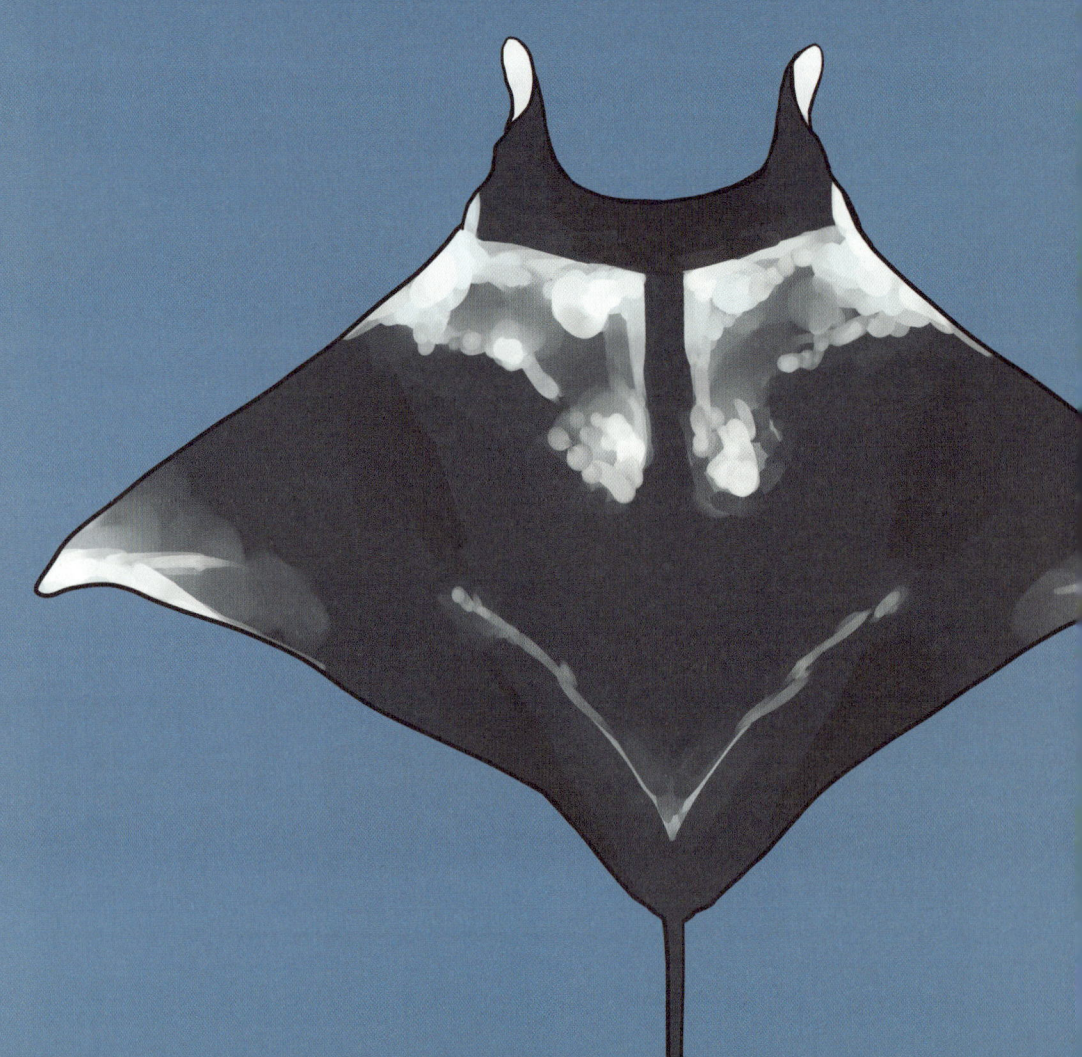

매가오리의 친척

꼬리의 가시에 독이 있다.

노랑가오리

《색가오릿과》 *Dasyatis akajei*

● 1.2m　▲남중국해에서 러시아 남동부　♥작은 물고기, 조개류, 갑각류 등

해저의 모래 속을 파고들어 가 생활한다.

모르는 사이에 밟을 수도?

개펄 등에 서식하며 해수욕장에도 나타나기 때문에, 모래 속에 숨어 있는 노랑가오리를 실수로 밟지 않도록 주의해야 한다. 수족관에서도 사육되고 있으며, 조개류나 갑각류를 먹는다.

매가오리의 친척

흰 반점이 특징.

얼룩매가오리

《매가오릿과》 *Aetobatus narinari*

● 2m ▲ 전 세계의 따뜻한 바다 ♥ 작은 물고기, 조개류, 갑각류 등

산호초나 암초 근처에서 무리를 지어 서식한다.

날카로운 형태가 특징

노랑가오리나 대왕쥐가오리에 비해 코끝이 날카로운 독특한 생김새를 가지고 있으며, 매가 날듯이 헤엄치는 것이 이름의 유래라고 알려져 있다. 조개류 등을 깨뜨릴 수 있는 튼튼한 이빨이 있다. 노랑가오리와 마찬가지로 꼬리에 독침이 있다.

물속을 날갯짓하듯 헤엄치는 얼룩매가오리.

수족관에서도 그 모습을 볼 수 있다.

모래 바닥의 조개나 게를 냄새로 찾아낸 뒤 입에서 물을 뿜어 모래를 파헤친다.

입안에서 조개껍질을 깬 다음, 헤엄치면서 조개껍질만 뱉어내고 살을 먹는다.

해수면에서 힘차게 점프하는 모습은 그야말로 날아오르는 매 그 자체다.

퉷!

독특한 등의 무늬는 개체차가 있어서, 고리 형태이거나 반점이 적은 것도 있다.

매가오리의 친척

독침은 없다.

대왕쥐가오리

《매가오릿과》 *Manta birostris*

● 5m ▲ 전 세계의 따뜻한 바다 ♥ 동물성 플랑크톤 등

머리 부분에 후크 형태의 특수한 지느러미 한 쌍이 있다.

대왕쥐가오리는 머리에 입이 있다

세계에서 가장 큰 가오리. 같은 종류라 여겨지던 암초대왕쥐가오리와 대왕쥐가오리는 최근 다른 종류로 구분되었다. 가오리들은 몸 아래쪽에 입이 있는 데 비해, 대왕쥐가오리는 머리에 입이 있다. 귀처럼 생긴 부분은 지느러미다.

대왕쥐가오리는 가오리의 친척으로, 망토를 펼친 것처럼 커다란 몸이 이름의 유래다.

입 주위와 다섯 번째 아가미가 검은 것이 대왕쥐가오리, 흰 것이 암초대왕쥐가오리다.

대왕쥐가오리 　　　 암초대왕쥐가오리

드물게 배 전체가 새까만 암초대왕쥐가오리도 있다.

바깥쪽으로 말기. 빙글

머리 쪽에 있는 지느러미는 자유롭게 형태를 바꿀 수 있어서 헤엄칠 때는 동그랗게 말리고

식사를 할 때는 입 주위로 지느러미를 모아서 플랑크톤을 잡을 때 도움이 되도록 펼친다.

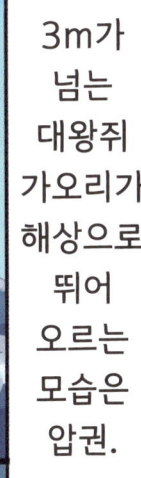

3m가 넘는 대왕쥐가오리가 해상으로 뛰어오르는 모습은 압권.

오징어의 친척

몸통에 작은 발광기가 800개 정도 붙어 있다.

매오징어

《매오징어과》 *Watasenia scintillans*

●7cm　▲북태평양 연안　♥작은 물고기, 크릴새우류, 히페리아 단각류 등

낮에는 육지에서 먼바다의 수심 200~600m 정도의 심해에서 지내다가, 밤이 되면 해수면 가까이까지 올라오기도 한다.

먹을 때는 익혀서

몸길이 7cm 정도의 오징어. 보통은 수심 200~600m의 심해에 서식한다. 일본의 도야마 현이나 효고 현에서 많이 잡히며, 식용으로도 유명하다. 보통 통째로 먹는데, 내장에는 기생충이 있으므로 익혀서 먹는 것이 좋다. 날것으로 먹을 때는 내장을 제거하거나 동결 처리가 필요하다.

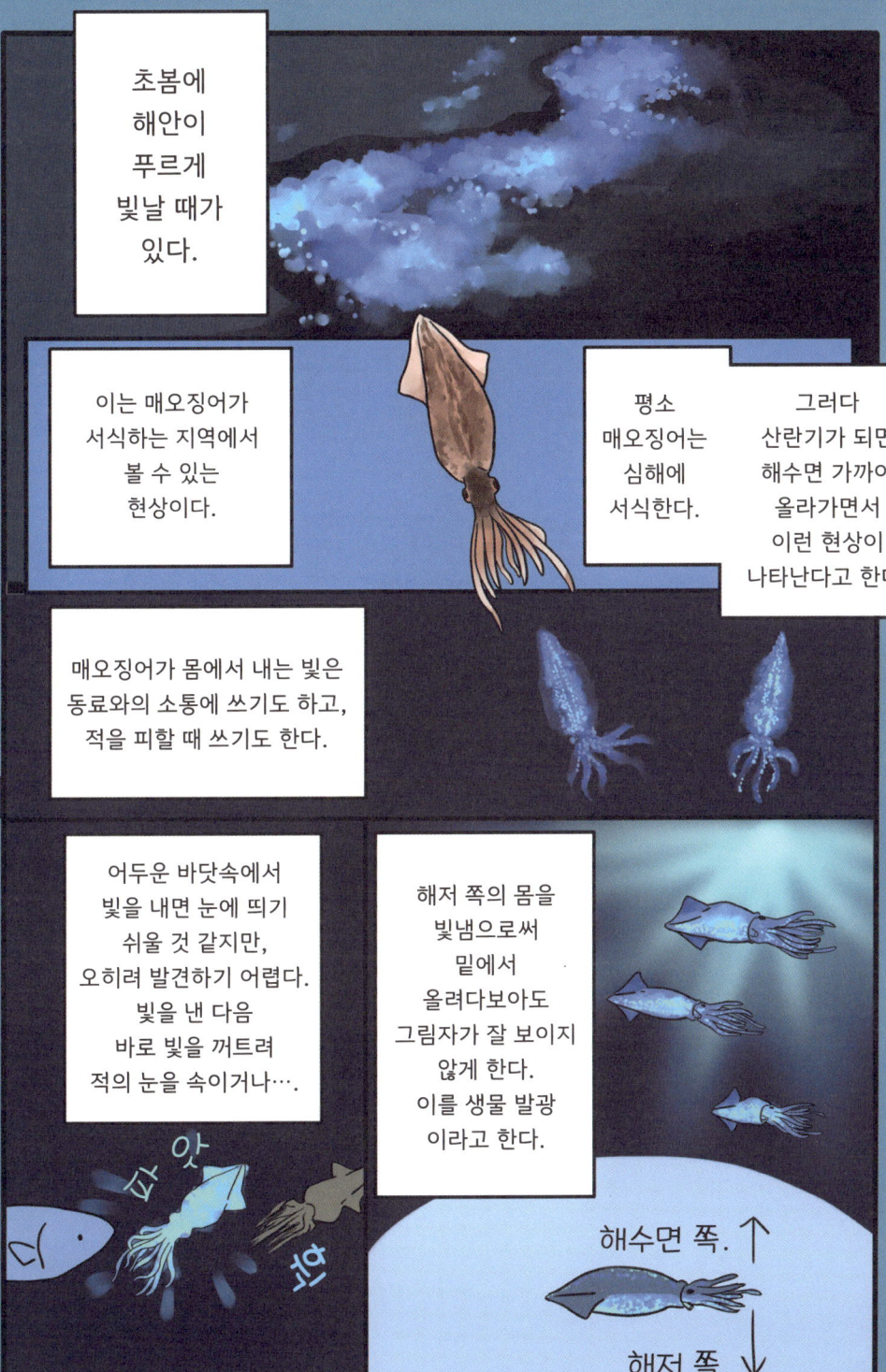

오징어의 친척

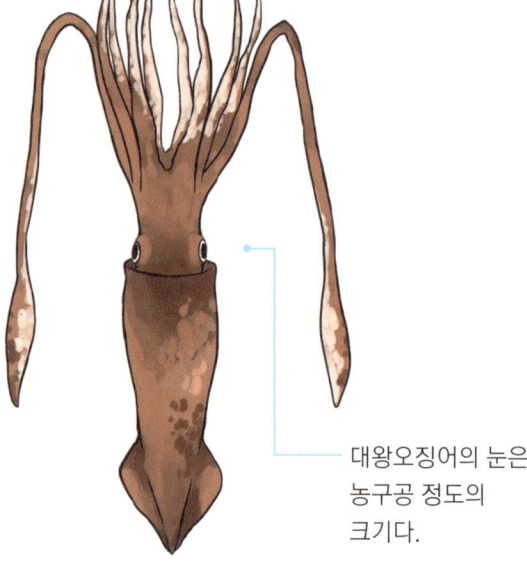

대왕오징어의 눈은 농구공 정도의 크기다.

대왕오징어

《대왕오징어과》 *Architeuthis dux*

- ● 10m ▲ 전 세계의 따뜻한 바다 ♥ 물고기, 갑각류, 오징어 등

지구상에서 가장 큰 무척추동물.

세계에서 가장 큰 오징어

몸길이가 세계에서 가장 긴 두족류로 알려져 있다. 무게로는 남극하트지느러미오징어가 가장 무거우며, 두 종 모두 눈 크기는 농구공 정도다. 참고로 암모니아 냄새가 강해서 무척 맛없다고 한다.

세계에서 가장 긴 두족류로 알려진 대왕오징어.

일본의 오가사와라 제도 주변에서도 발견된다.

대왕오징어를 발견할 수 있었던 것은 향고래 덕분이다.

어떻게 향고래가 대왕오징어를 먹는다는 사실이 알려졌을까?

향고래의 몸에 커다란 흡판의 흔적이 남아 있거나 위 속에서 대왕오징어의 살이 발견되었기 때문이다.

18m

흡판의 흔적.

또 최근에는 범고래가 대왕오징어로 보이는 긴 다리를 물고 있는 모습도 목격되었다.

올가미처럼 고리를 만들어서 사냥감을 잡는다고 한다.

문어의 친척

— 거대한 구형의 머리를 가졌다.

문어

《진문어과》 *Enteroctopus dofleini*

● 3~5m　▲북태평양　♥물고기, 갑각류, 조개류 등

문어 중에서 가장 큰 종이며, 수명도 가장 길다(약 4년).

세계에서 가장 큰 문어

3m 넘게 자라는, 세계에서 가장 큰 문어. 팔 하나에 250~300개가 넘는 흡판이 있다. 차가운 바다에 살며 일본 홋카이도에서 자주 잡힌다. 식용 외에도 수족관에서 사육되기도 한다. 지능이 높아서 병뚜껑을 열 수도 있다.

몸길이 3m에 무게 30kg 이상까지 커지는 문어.

흡판을 보면 암수를 구별할 수 있다.

흡판 크기가 제각각인 것이 수컷, 비슷한 것이 암컷이다.

수컷 　 암컷

왜 문어는 문어 단지를 좋아할까?

천적에게서 몸을 지키기 위해 바위틈으로 파고들거나 구멍 속에 알을 낳는 습성 때문이다.

구멍과 비슷한 단지는 문어에게 마음 편한 곳이므로 그러한 습성을 이용해 문어 낚시를 한다.

바위 천장에 알을 낳아 붙이는데, 알이 부화할 때까지는 먹이도 먹지 않고 보살핀다.

문어의 친척

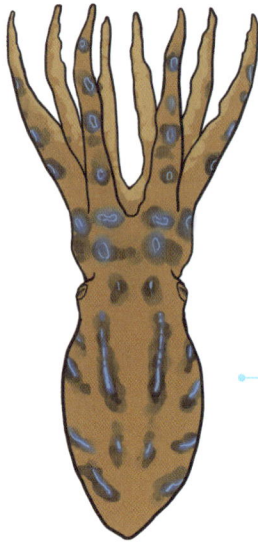

위협을 느끼면 선명한 파란색의 고리 무늬를 띄워서 경고한다.

파란선문어

《문어과》 *Hapalochlaena fasciata*

● 10cm　▲ 서태평양　♥ 물고기, 갑각류

타액과 몸 표면, 근육에 복어와 같은 독인 테트로도톡신을 가지고 있다.

복어와 같은 독을 가졌다

크기는 10cm 정도밖에 되지 않지만, 맹독인 테트로도톡신을 가지고 있어서 무척 위험하며 일본에서도 서식한다. 비슷하게 생긴 파란고리문어(파란선문어와 비교하면 둥근 무늬가 크다)가 있는데, 파란고리문어 역시 테트로도톡신을 가지고 있어서 만지면 안 된다.

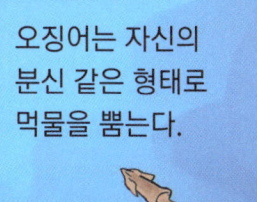

오징어는 자신의 분신 같은 형태로 먹물을 뿜는다.

문어는 연막처럼 먹물을 뿜어서 적의 눈을 피하고 몸을 지킨다.

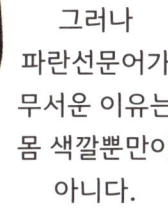

10cm 정도 크기의 파란선문어는 먹물이 없다.

대신 몸의 색깔을 바꾸어서 선명한 파란색 무늬를 온몸에 띄워 상대를 위협한다.

그러나 파란선문어가 무서운 이유는 몸 색깔뿐만이 아니다.

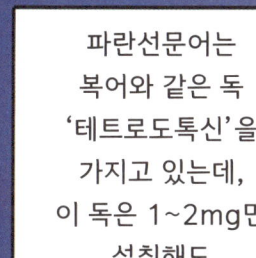

파란선문어는 복어와 같은 독 '테트로도톡신'을 가지고 있는데, 이 독은 1~2mg만 섭취해도 죽음에 이른다.

현재 해독제도 없으며, 가열해도 독이 파괴되지 않아 무척 위험하다.

문어의 입.

타액에 독이 있어서 깨물어서 독을 주입한다.

죽어도 독은 남아 있으며 근육에도 포함되어 있기 때문에 먹는 것은 물론 절대 만져서도 안 된다.

문어의 친척

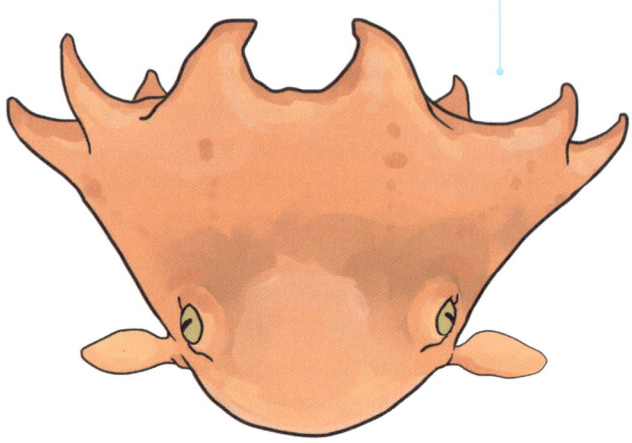

다리가 방사형으로 펼쳐져 있다.

우무문어

《우무문어과》 *Opisthoteuthis depressa*

● 20cm ▲ 사가미만에서부터 동중국해 ♥ 갑각류 등

심해에 사는 문어라서 자세한 생태는 알려져 있지 않다.

먹물이 없는 문어

심해에 사는 문어이며, 팔 사이에 넓은 막이 있어서 낙하산 같은 모양을 이룬다. 흡판은 팔에 한 줄밖에 없으며 먹물도 없다. 자극적인 냄새가 난다고 한다. 사육이 무척 어려워서 수족관에서는 쉽게 볼 수 없지만 귀여운 겉모습 때문에 인기가 많다.

손바닥 사이즈

※우무문어는 먹물을 뱉지 않는다.

심해의 인기 스타 우무문어.

문어에게 있는, 작게 오므린 입처럼 생긴 부분은 입이 아니다.

물을 힘차게 내뿜어서 제트기처럼 재빠르게 헤엄치거나, 방향을 바꾸거나, 먹물을 내뿜기도 하는 **수관**이라는 기관이다.

심해에는 먹이가 적어서, 헤엄치는 속도가 느린 우무문어는 에너지를 소비하지 않도록 해저에 가만히 있는 일이 많다고 한다.

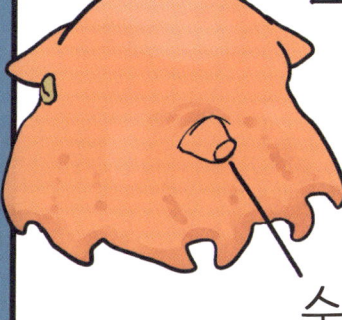

이런 얼굴이 아니다.

수관

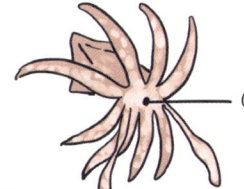

문어와 오징어는 여기가 입.

조용....

| 게의 친척

└ 다리에는 흰색의 점박이 무늬가 있다.

거미게

《거미게과》 *Macrocheira kaempferi*

● 3m　▲ 서태평양　♥ 조개류, 갑각류 등

게 중에서는 계통적으로 오래된 종.

항상 붉은 게

심해에 살기 때문에 바다에서 만날 일은 거의 없지만, 사육하기 쉬워서 수족관에서도 볼 수 있기 때문에 친숙한 존재다. 또 일본 근해에서 잡히기도 해서, 거미게를 먹을 수 있는 가게도 많다. 게는 살아 있을 때는 갈색이고 삶으면 붉어지는 종류가 많은데, 거미게는 살아 있을 때에도 붉은색이다.

게의 친척

집게발로 말미잘을 들고 있다.

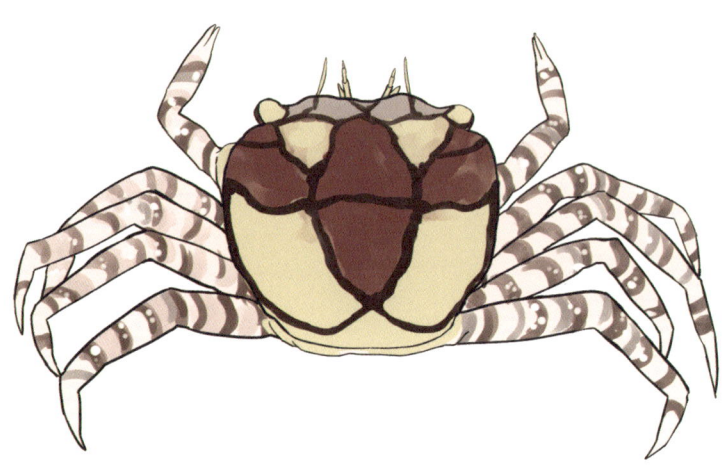

장갑가는손부채게

《부채겟과》 *Lybia tessellata*

● 약 2cm　▲남태평양, 인도양　♥동물성 플랑크톤

산호초와 암초에 숨어서 서식한다.

집게발로 들고 있으면 하얘진다?

장갑가는손부채게가 들고 있는 말미잘은 장갑가는손부채게가 들고 있는 것 이외에는 개체가 발견되지 않았으나, 장갑가는손부채게가 가지고 있음으로써 색이 하얘지는 장갑말미잘이라는 것이 밝혀졌다. 장갑가는손부채게에게서 벗어나 자유로워지면 원래 색인 갈색으로 돌아온다고 한다.

이 게는 장갑가는 손부채게.

보다시피 수술을 들고 응원하고 있다.

사실 이건 적을 내쫓는 모습이다.

저리 가

들고 있는 것은 말미잘이며, 독이 있어서 다른 생물은 다가올 수 없다.

찌익~

혹시 한쪽을 놓치면 다른 하나를 찢어서 억지로 두 개로 만든다.

이예~

그러면 말미잘은 재생해서 원래 크기로 돌아온다.

쩝쩝···

"말미잘도 이런 인생에 만족할까?"라는 생각이 들지만….

말미잘은 게가 먹다 남은 걸 먹을 수 있어서 배를 곯을 일은 없다.

Chapter 6

생명의 신비!
해파리·바닷가의 생물·
그 밖의 동물

복어의 친척

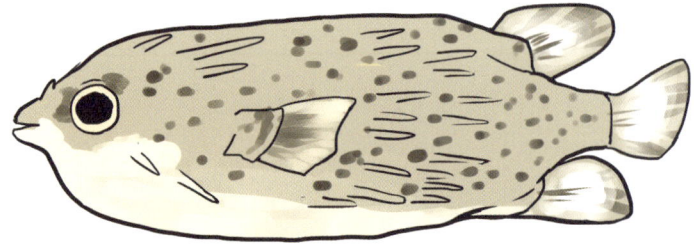

└ 온몸에 달린 가시는 비늘이 변화한 것.

가시복

《가시복과》 *Diodon holocanthus*

● 30cm ▲ 전 세계의 온대와 열대 바다 ♥ 조개류, 갑각류, 성게 등

얕은 바다의 산호초, 암초 등에 서식한다.

요령 없는 복어?

복어의 친척이지만 독이 없어서 가시복을 먹는 지역도 있다. 애완동물로 사육하기도 한다. 자신을 잡아먹으려는 상대를 위협하기 위해 물을 들이마셔서 몸을 부풀려 가시를 세우는데, 그럼에도 불구하고 잡아먹히기도 하고, 몸에서 물을 다시 빼내는 걸 어려워하는 등 요령이 없다.

몸을 부풀려서 적을 위협하거나 몸을 지키는 가시복.

복어도 몸을 부풀린다.

복어의 친척이며, 잘 보면 얼굴도 비슷하다.

몸의 가시는 300~400개 정도.

이 가시는 비늘이 진화한 것으로, 다른 복어와 달리 체내에 독이 없어 대신에 방어 수단을 갖춘 것이다.

몸을 부풀리고 나서 원래대로 돌아오지 못하고 해류에 휩쓸리기도….

해파리의 친척

촉수에 강력한 독이
있어서 만지면 안 된다.

작은부레관해파리

《부레관해파리과》 *Physalia physalis*

● 10m　▲태평양, 대서양, 인도양 등　♥작은 물고기, 갑각류

속칭 '전기해파리'. 모양이 포르투갈식 범선과 비슷하게 생겨서
영어로는 폴투기즈 맨오워(Portuguese man o' war)라고 부른다.

군체를 이룬 가짜 해파리

한 마리의 해파리처럼 보이지만, 히드로충류가 다수 모인 것으로 하나의 개체가 아니다. 투명한 비닐봉투 같은 부분은 왼쪽으로 부풀어 오른 경우도 있고 오른쪽인 경우도 있다(서식지에 따라 방향이 다르다고 한다). 그 밖에 먹이를 먹는 부분, 번식하는 부분, 촉수 부분으로 나뉜다.

때때로 해변에 투명하고 푸른빛을 띤 물체가 떨어져 있을 때가 있다. 반짝거리고 예쁘지만 그 정체는 맹독을 지닌 **작은 부레관 해파리**라는 생물이다.

사냥감의 몸

 닿은 것을 감지한다.

 독침을 꺼내서 찌른다.

 독을 주입한다.

촉수가 남아 있더라도 맨손으로 잡으면 안 된다.

독의 종류에 따라서는 식초를 뿌려서 비활성화할 수 있지만, 작은부레관해파리 등의 독은 반대로 활성화되므로 주의해야 한다.

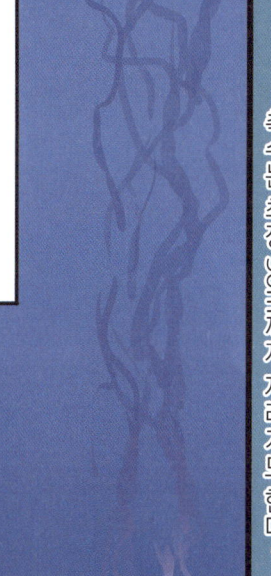

촉수는 최장 50m까지 자라기도 한다.

일본에도 많이 서식한다. 본체가 죽어도 독은 남아 있으니 만지지 않도록 한다.

해파리의 친척

우산 부분이 정육면체 같은 모양이다.

상자해파리

《상자해파리과》 *Chironex fleckeri*

● 3m　▲인도양 남부~오스트레일리아 서쪽 근해　♥물고기, 갑각류 등

'살인 해파리'라는 별명이 있다. 촉수에 특히 치명적인 독을 가지고 있어서 쏘이면 1분 안에 사망할 수도 있다.

스스로 헤엄치는 해파리

오스트레일리아 부근에 서식하기 때문에 일본에서 발견할 수는 없지만 무척 위험한 독을 가진 입방해파리 종류이다. 입방해파리 종류는 보름달물해파리 등 해류에 떠다니는 해파리와 달리 헤엄치는 능력이 있다.

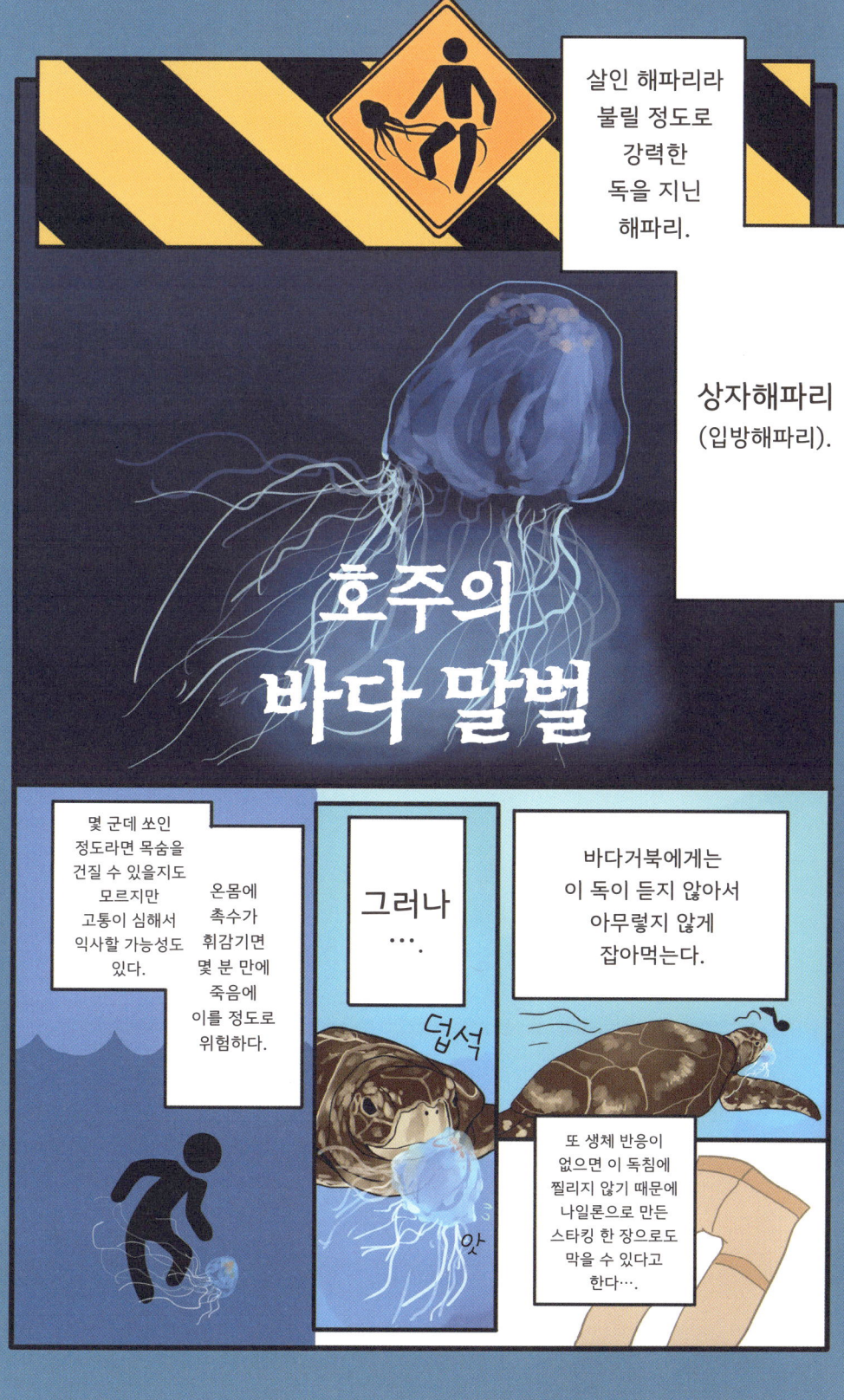

이매패의 친척

조개껍데기의 무늬는 색깔과 형태 모두 매우 변화무쌍하다.

바지락

《백합과》 *Ruditapes philippinarum*

● 6cm　▲ 전 세계의 얕은 바다　♥ 식물성 플랑크톤, 규조류 등

수심 10m 이내의 얕고 염분이 적은 모래밭에 즐겨 서식한다.

조개는 연체동물

조개잡이나 식용으로 친숙한 4~6cm 정도의 이매패류로 무늬가 다양하다. 물에서 플랑크톤을 걸러 먹는다. 조개류는 갯민숭달팽이나 무각거북고둥, 문어나 오징어와 마찬가지로 연체동물에 포함된다.

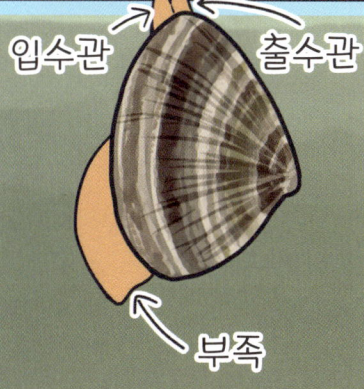

개펄에서 조개잡이를 하면 바지락을 캘 수 있다.

피융

입수관 출수관

부족

바지락은 모래 속에서 '부족'이라 불리는 다리로 능숙하게 일어선다.

두 개의 수관을 내밀어서 입수관으로 바닷물과 플랑크톤을 걸러서 섭취하고 출수관으로 여분의 물을 내뿜는다.

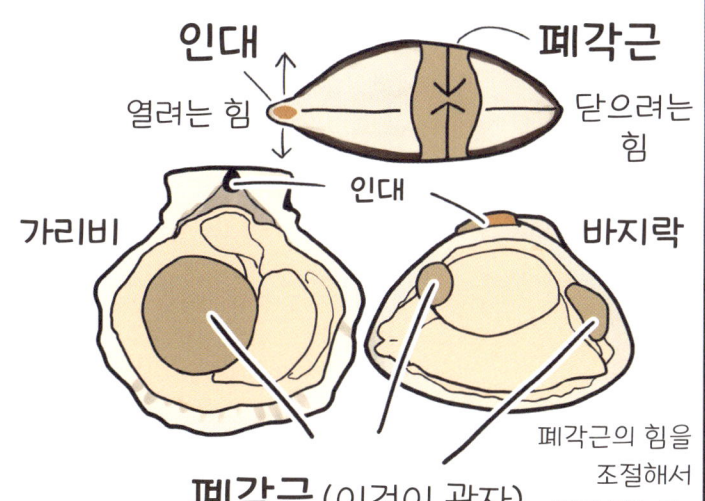

인대 — 열려는 힘
폐각근 — 닫으려는 힘
가리비 인대 바지락
폐각근 (이것이 관자)

조개관자는 껍데기를 닫기 위한 근육인데 적이 억지로 열지 못하게 하기 위한 것이다.

폐각근의 힘을 조절해서 열고 닫는다.

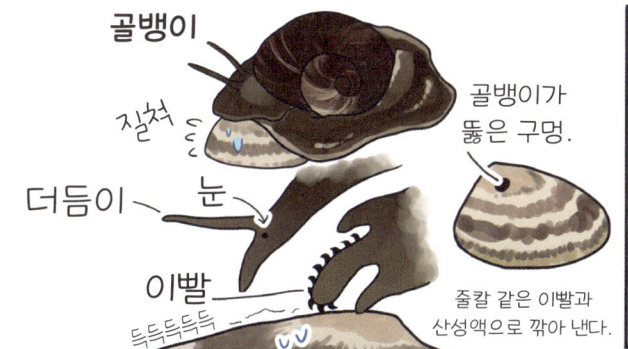

골뱅이
질척
더듬이 — 눈
이빨
득득득득

골뱅이가 뚫은 구멍.
줄칼 같은 이빨과 산성액으로 깎아 낸다.

그러나 억지로 열지 않고 구멍을 뚫어 살을 먹는 수완가도 있다….

고둥의 친척

적갈색 바탕에 흰 비늘구름 같은 반점이 있다.

지도청자고둥

《청자고둥과》 *Conus geographus*

● 10cm　▲아프리카 동안, 인도양, 태평양 등 열대 해역　♥작은 물고기 등

얕은 바다의 산호초에 주로 서식한다. 야행성이라 사람 눈에 잘 띄지 않는다.

잘 때 습격하는 조개

야행성으로, 밤에 자고 있는 사냥감에 천천히 다가가서 독을 주입해 통째로 삼킨다. 이 독은 무척 강력한 신경독으로 인간도 쏘일 수 있는데, 통증은 약하지만 마비가 온몸으로 퍼져나가 호흡 곤란에 빠져 죽음에 이르는 경우도 있다.

집게의 친척

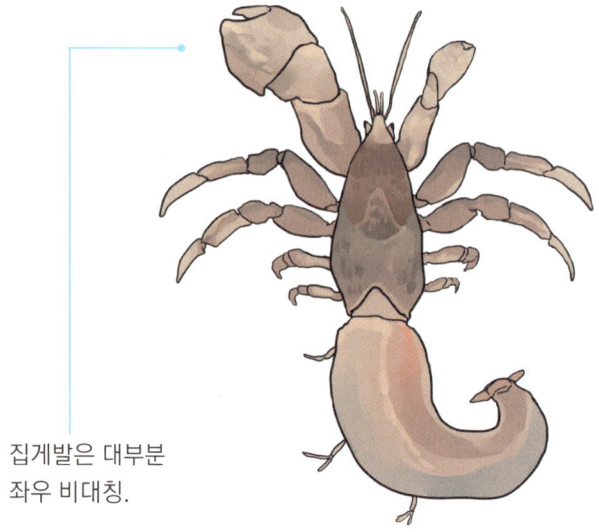

집게발은 대부분 좌우 비대칭.

집게

《집게상과》 *Paguroidea*

● 약 1~40cm 이상　▲ 전 세계의 바다　♥ 조류(藻類), 죽은 동물 등

얕은 여울에서부터 수심 수백m의 심해 바닥까지 다양한 곳에서 서식한다.

오른쪽으로 말린 것이 다수파

새우나 게의 친척인데, 몸이 크고 오른쪽으로 말린 것이 특징이다. 이유는 대부분 오른쪽으로 말려 있는 고둥을 집으로 삼기 때문이라고 추측된다. 왜 오른쪽으로 말린 고둥이 많은지는 알려져 있지 않다. 페트병 뚜껑이나 장난감에 들어가는 경우도 있다.

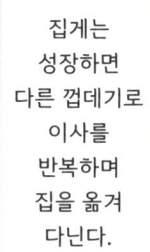

집게는 성장하면 다른 껍데기로 이사를 반복하며 집을 옮겨 다닌다.

내용물이 없는 고둥 껍데기.

좋은 집이 있으면 서로 빼앗기도 한다.

서로 빼앗고 있으면 빈 집을 노리는 집게의 행렬이 생긴다.

주우

여기 들어갈래.
여기 들어갈래.
여기 들어갈래.

욱

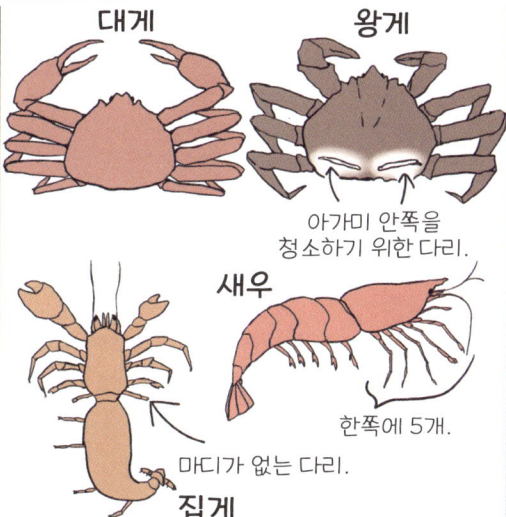

새우, 게, 집게는 10개의 다리가 있는데….

대게

왕게

아가미 안쪽을 청소하기 위한 다리.

새우

한쪽에 5개.

마디가 없는 다리.

집게

집게는 다섯 번째 다리가 무척 작고 마디가 없어서 걷기 위한 다리는 아니다.

대게

한쪽 다리가 5개니까 게.

왕게

다리가 4개니까 집게.

털게

즉, 한쪽의 걷는 다리가 4개인 게는 게가 아니라, 분류학적으로는 집게인 것이다.

불가사리의 친척

납작하며 대부분 5개의 다리가 있다.

불가사리

《불가사리강》 *Asteroidea*

● 수cm~수십cm ▲ 전 세계의 바다 ♥ 조개류, 죽은 물고기 등

몸이 잘려 나가도 재생된다.

불가사리의 팔이 꼭 5개인 것은 아니다

별 모양의 유래가 되기도 한 다섯 개의 팔이 특징. 그러나 개중에는 재생해서 팔이 5개 이상으로 늘어나거나, 잃어서 4개가 되는 경우도 있다. 원래 수십 개의 팔을 지닌 종도 있다. 분열한 뒤 재생해서 2마리가 되기도 한다. 팔 끝에 눈이 있어서 팔을 늘리면 늘릴수록 눈이 많아진다.

불가사리, 성게, 해삼.

몸의 구성이 5쌍이라는 것이 특징.

뼈가 5쌍.

성게의 뼈를 옆으로 늘려놓은 느낌.

언뜻 다 달라 보이지만 극피동물이라는 같은 그룹이다.

해삼은 움직이는 모습을 상상할 수 있는데, 성게도 걷는다.

물론 불가사리도 걷는다.

입 / 관족

뒤집으면 관족이 빼곡하게 돋아 있어서….

관족이라고 불리는 부분으로 걷는다.
가시도 움직인다.

영차 → 영차

이런 이미지.

이 수많은 다리로 이동한다.

불가사리는 팔이 하나라도 남아 있으면 재생할 수 있고

위를 통째로 꺼내서 사냥감을 잡아먹는 놀라운 능력을 가지고 있다.

입 / 평소

입에 다 들어가지 않으니까 마중을 나오는 스타일.

위 ← → 위

← 살아남은 부분.

재생 중.
재생 중.
재생 중.

사람 손 모양과 비슷해서 일본어로는 '사람손'이라는 이름이 붙었는데 Sea star(바다의 별)라는 영어 이름이 지구 밖 생명체라는 느낌이 있어서 '사람손' 보다 더 어울리는 이름인 것 같다.

갯민숭달팽이의 친척

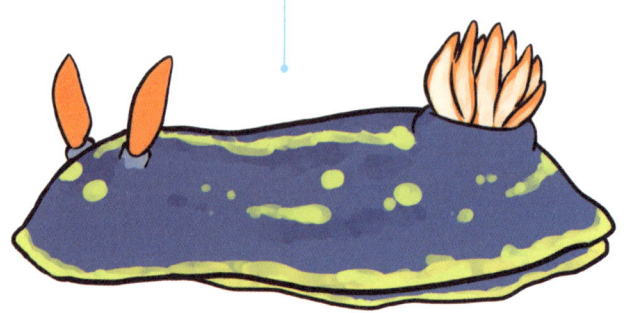

옛날에는 조개껍데기가 있었지만 퇴화했다.

갯민숭달팽이

《이새아강》 *Heterobranchia*

● 수mm~30cm 정도까지 ▲ 전 세계 얕은 바다의 밑바닥 ♥ 육식에서 초식까지 다양

독을 지닌 종류도 많아서 식용으로는 적합하지 않다.

조개의 진화형

이동을 위해 조개껍데기를 버리는 쪽으로 진화를 거듭했다. 시력이 거의 없어서 더듬이로 보이는 부분으로 냄새를 맡는다(눈을 지닌 종류도 있지만 무척 적다). 알 덩어리는 리본 형태거나 프릴 형태이며 색도 노란색과 흰색 등으로 다양하고 화려하다.

연체동물인 조개는 몸을 지키기 위해 단단한 껍데기를 가지고 있지만….

방어력 UP

갯민숭달팽이는 이동을 우선시해서 껍데기를 벗어 버리거나 몸속에 묻었다.

피융

빨간선거품달팽이

아직 가지고 있는 종류도 있다.

그렇다면 어떻게 살아 남았을까?

산호나 말미잘, 멍게를 먹음으로써 자신도 독을 축적하는 것이다.

파란용갯민숭달팽이

가는팔빨강꼭지갯민숭이

개중에는 고깔해파리를 먹는 종도 있으며, 상대의 독을 자신의 무기로 삼는다.

이를 가리켜 **도자포** 라고 한다.

일부러 맛없는 것을 먹어서 자신도 맛없는 생물이 되거나

온몸을 화려하게 만들어서 '먹어도 맛이 없다'거나 '독이 있다'고 생각하게 한다.

보라갯민숭달팽이

검은줄갯민숭달팽이

삼색테두리갯민숭달팽이

노란다람쥐갯민숭이

파랑갯민숭달팽이

이렇게까지 먹을 것에 신경을 쓰는데도 불구하고 무려 동족을 잡아먹는 갯민숭달팽이도 있다….

편식 vs 편식

노란비단결갯민숭이

산호의 친척

산호는 폴립이라고 불리는 구조를 지녔다.

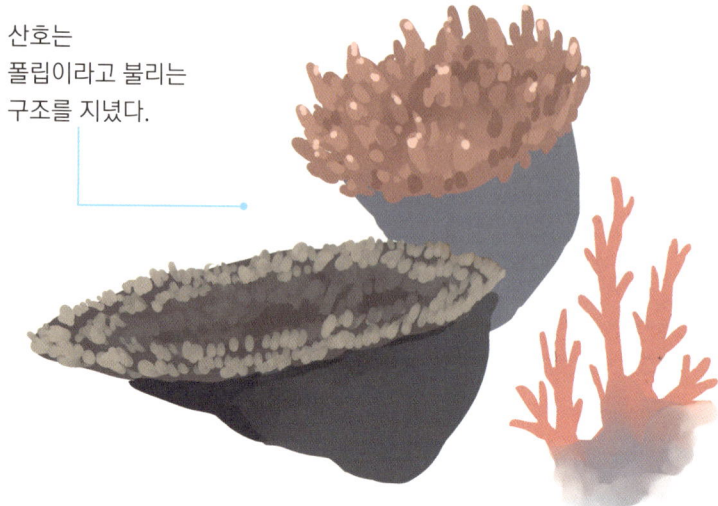

산호

《산호충강》 *Anthozoa*

● 폴립 0.6~30cm　▲ 열대의 얕은 바다　♥ 광합성 등

다양한 종류가 있지만 체내에 황록공생조류라는 조류(藻類)와 공생하는 경우에는 광합성을 해서 살아간다.

산호도 스트레스를 느낀다

산호가 하얗게 변하는 것은 스트레스로 인해 공생하는 황록공생조류가 줄어들었기 때문이다. 황록공생조류가 줄면 산호의 뼈가 드러나 하얗게 보인다. 완전히 죽어 버린 것은 아니고, 다시 황록공생조류가 돌아오면 광합성을 해서 성장할 수 있다.

말미잘의 친척

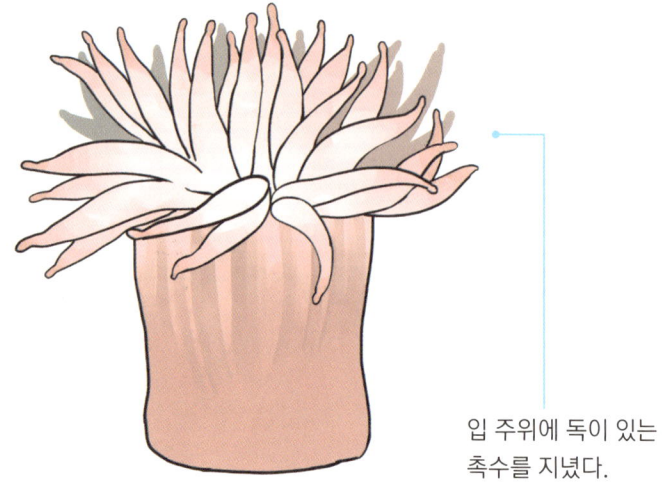

입 주위에 독이 있는 촉수를 지녔다.

말미잘

《해변말미잘목》 *Actiniaria*

● 1.25cm~1.8m ▲ 전 세계의 바다 ♥ 광합성, 작은 물고기 등

녹조류나 집게, 흰동가리 등과 공생하기도 한다.

식물 같지만 동물

촉수에 독이 있으며, 흰동가리나 장갑가는손부채게 등 다른 생물과 공생하는 것으로 유명하다. 식물처럼 보이지만 동물이며, 걷거나 헤엄치거나 먹이를 먹거나 번식을 하기 위해 알을 낳기도 한다. ※무성생식을 하는 종도 있다.

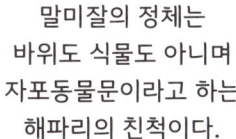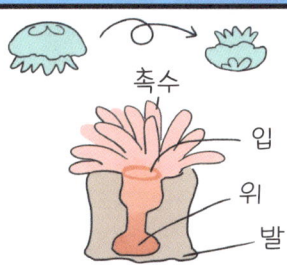

새우의 친척

집게발의 관절 부분에는 가시가 몇 개 있다.

바닷가재

《가시발새우과》 *Nephropidae*

● 최대 1m ▲ 전 세계의 열대·아열대 바다 ♥ 물고기, 조개류, 갑각류

얕은 바다의 암초나 모래 아래에 구멍을 파고 생활한다.

망치를 든 새우

식재료로 유명하며 랍스터, 오마르라고도 불린다. 오마르는 프랑스어로 망치라는 뜻인데, 커다란 집게발이 달린 것이 특징이다. 닭새우에게는 이런 집게발은 없다.

148

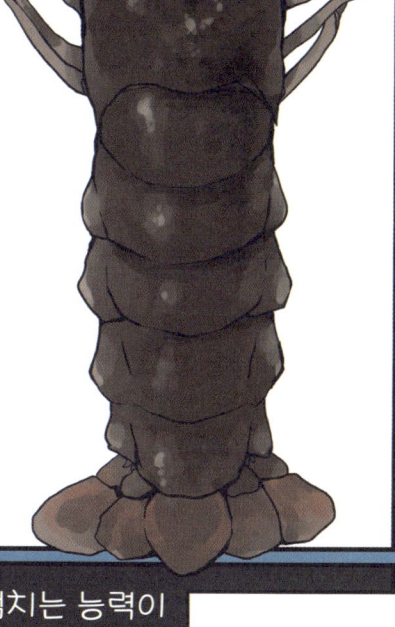

1m가 넘게 자라기도 하는 새우, 바닷가재.

랍스터라고도 불리며, 지역에 따라서는 파란색 개체가 고급 식재료로 여겨진다.

그렇지만 익히면 하나같이 붉은색.

플랑크톤은 헤엄치는 능력이 없는 것들을 말한다. 크기는 상관없다.

해파리도 기본적으로는 둥둥 떠다니기 때문에 플랑크톤으로 구분하기도.

해파리의 먹이인 크릴새우는 새우와 비슷하지만 새우가 아니다.

그러나 새우와 닮지 않은 따개비나 거북손은 새우의 친척이니 복잡하다.

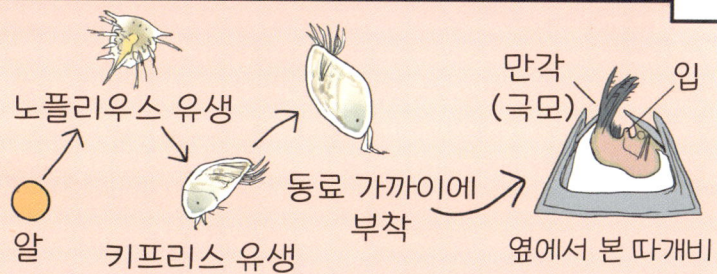

새끼 때는 새우다운 점이 있을 수도 있다.

> 무각거북고둥의 친척

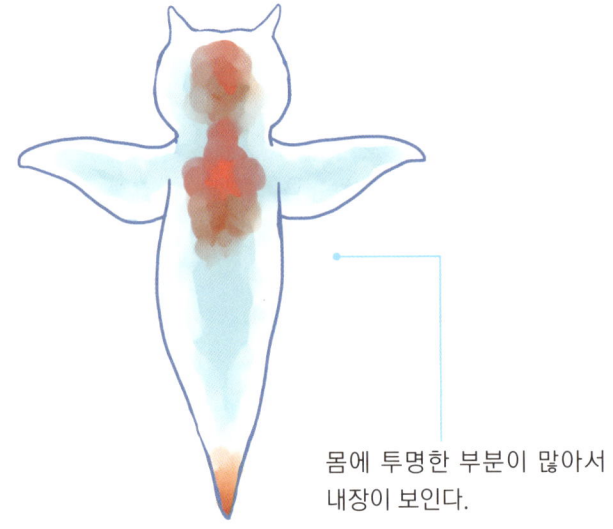

몸에 투명한 부분이 많아서 내장이 보인다.

무각거북고둥

《무각거북고둥과》 *Clione limacina*

- ● 1~3cm ▲ 북극해, 북태평양의 한류 해역 ♥ 조개류 등

고둥의 친척이지만 성장하면 조개껍데기가 사라진다.

조개껍데기를 버리고 어른이 된다

무각거북고둥은 새끼 때는 조개껍데기가 있지만 성장하면서 사라지는 고둥의 일종이다. 몸이 투명해서 내장이 비쳐 보인다. 바다의 요정이나 유빙의 천사라고도 불리며, 일본 홋카이도에서도 발견된다.

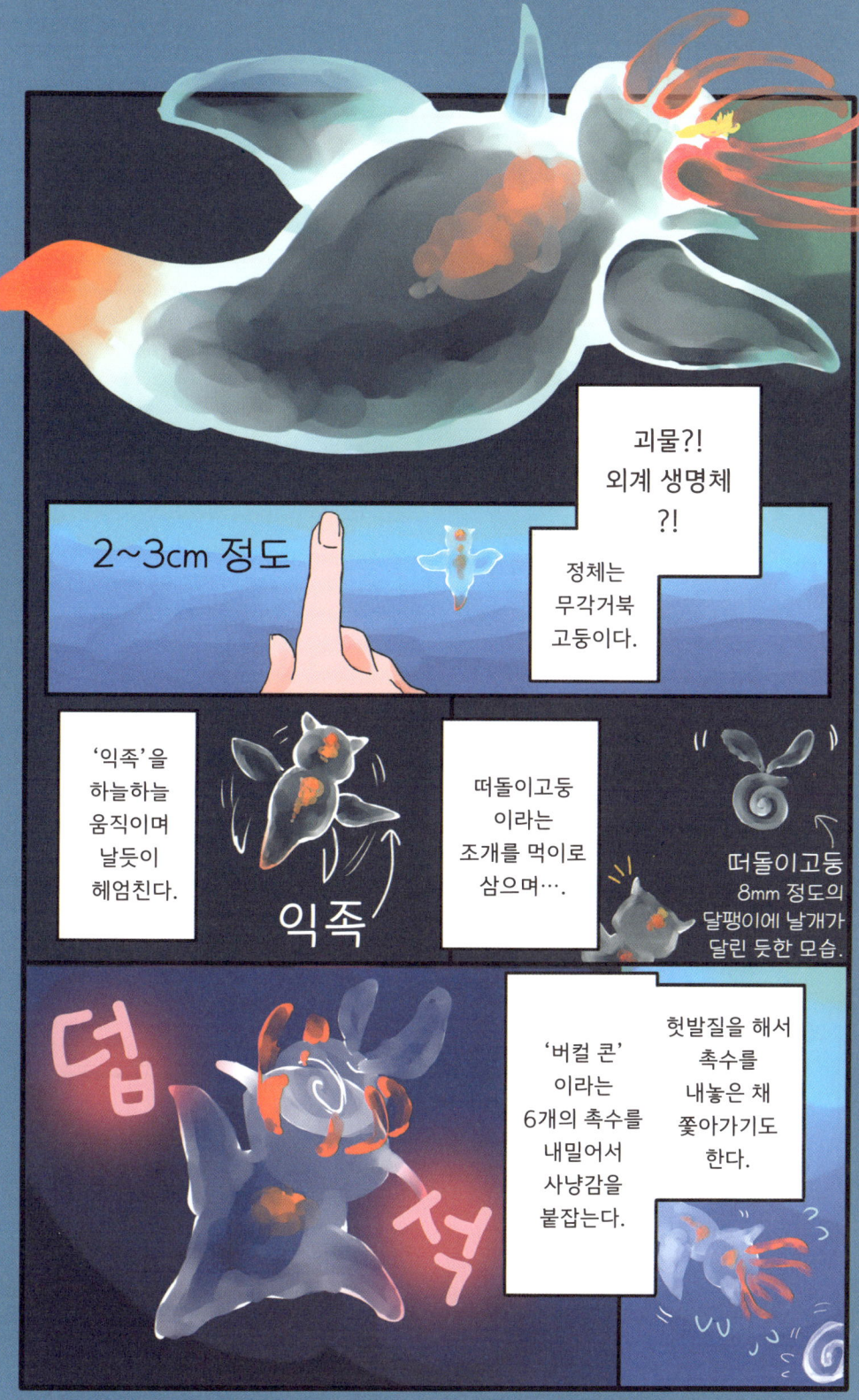

아귀의 친척

머리에 미끼처럼 생긴 돌기가 있다.

빨간씬벵이

《씬벵잇과》 *Antennarius striatus*

● 15cm　▲ 동부 태평양을 제외한 전 세계의 바다　♥ 물고기, 갑각류 등

모래 아래, 진흙 아래에 서식한다.

형형색색의 친구들

몸길이는 15cm 정도로 작다. 개체에 따라 색이 다르지만 같은 종류이다. 걸어가듯 천천히 이동하는데 헤엄도 칠 수 있으며, 가슴지느러미 부근의 아가미구멍에서 물을 내뿜어 제트기처럼 앞으로 나아가기도 한다(걷는 것보다 빠른 정도로, 아주 빠르지는 않다).

아귀의 친척

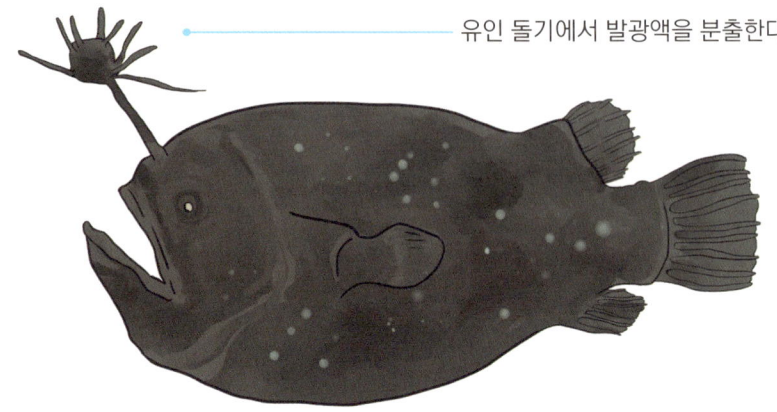

유인 돌기에서 발광액을 분출한다.

초롱아귀

《초롱아귀과》 *Himantolophus groenlandicus*

● 4~60cm　▲ 열대·아열대 심해　♥ 물고기 등

심해에 서식하기 때문에 상세한 정보는 알려져 있지 않다.

빛나는 이유는 박테리아

이름에서도 알 수 있듯, 머리에 있는 초롱 같은 부분에서 빛을 내서 먹이를 유인한다. 이 빛은 공생하고 있는 발광 박테리아이며, 초롱아귀가 스스로 빛을 내는 것은 아니다. 수컷은 크기가 4cm 정도밖에 되지 않으며, 암컷의 몸에 융합해 있기 때문에 기생충이라고 여겨지기도 했다.

| 붉평치의 친척

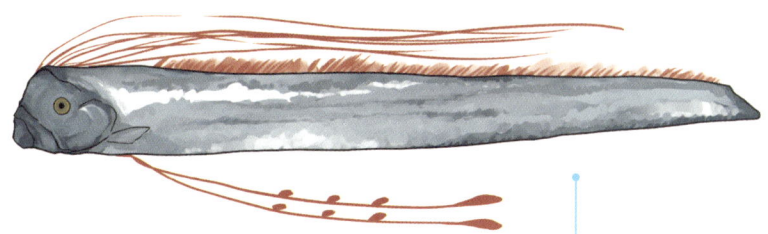

└ 연한 빛깔의 몸은 가늘고 길다.

대왕산갈치

《산갈칫과》 *Regalecus glesne*

- 3~10m　▲태평양, 인도양, 대서양 등의 심해
- ♥동물성 플랑크톤, 갑각류

생태에 대해서는 거의 알려져 있지 않다.

수수께끼투성이 심해어

어획되거나 뭍으로 올라오는 일도 있지만, 심해에 살기 때문에 생태는 수수께끼투성이다. 플랑크톤을 먹는다고 한다. 몸길이는 5m를 넘기도. 일본 오키나와에서는 인공 수정에 성공했다.

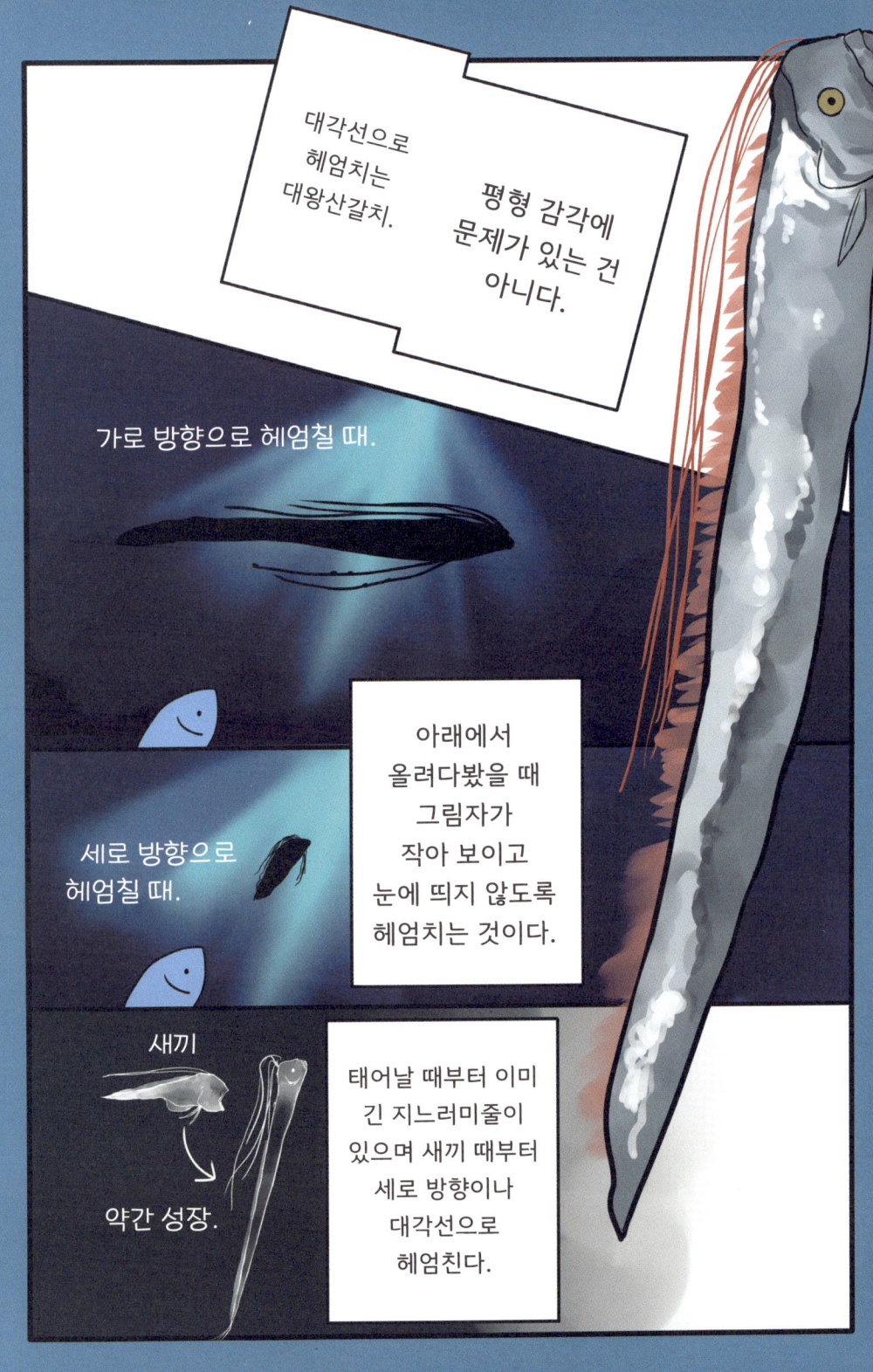

후기

제 저서로는
세 번째 책입니다.
작풍도 등장하는 생물들도
그전과는 조금 달라요.

그림도 좀 나아진 듯한….
어른이 되고 나서도 더
성장할 수 있다는 걸 깨달았습니다.

여러분이 이 책에서 새로운 것들을 많이
발견하셨다면 기쁘겠습니다.

마쓰오루카

원작·마쓰오루카

범고래가 너무 좋아서 이름까지
범고래로 바꾼 범고래 빅팬이다.
범고래를 비롯해 다양한 바다 생물의
생태를 다룬 만화를 그렸다.
쓰고 그린 책으로는
≪바다 동물이 너무 귀여워≫와
≪수족관이 너무 좋아≫ 등이 있다.

옮김·김지영

이화여자대학교 국어국문학과를
졸업하고 동 대학 통역번역대학원에서
번역학 석사 학위를 받았다.
현재 전문 번역가로 활동하고 있다.
옮긴 책으로는 ≪바다 동물이 너무 귀여워≫,
≪수족관이 너무 좋아≫,
[요괴의 아이를 돌봐드립니다]
시리즈, ≪고양이의 비밀≫,
≪잔혹 탐정의 사건 수첩≫ 등이 있다.

마쓰오루카
바다 동물
만화 도감
Sea Animal's Manga Dictionary Matsuorca

2022년 11월 1일 초판 1쇄 인쇄
2022년 11월 15일 초판 1쇄 발행

원작·마쓰오루카
옮김·김지영
자문·국립해양생물자원관 권혁준 선임연구원

발행인 황민호
콘텐츠3사업본부장 석인수
책임편집 조명숙
디자인 디자인쿠키

발행처 대원씨아이(주) www.dwci.co.kr
주소 서울시 용산구 한강대로15길 9-12
전화 편집 | 02-2071-2157 영업 | 02-2071-2066
팩스 | 02-794-7771
등록번호 1992년 5월 11일 등록 제3-563호

ISBN 979-11-6944-353-1 77490

UMI NO DOBUTSU MANGA ZUKAN
©Matsuorca 2020
First published in Japan in 2020 by
KADOKAWA CORPORATION, Tokyo.
Korean translation rights arranged with
KADOKAWA CORPORATION, Tokyo

* 이 책의 한국어판 저작권은 KADOKAWA CORPORATION, Tokyo와
독점 계약한 대원씨아이 주식회사가 소유합니다. 저작권법에 의하여
한국 내에서 보호를 받는 저작물이므로 무단 전재 및 복제를 금합니다.
* 책값은 뒤표지에 있습니다.
* 잘못된 도서는 구입하신 곳에서 교환해 드립니다.
* 한국어 생물 명칭은 국립해양생물자원관 자문을 받아 작성되었습니다.
아직 한국어 공식 명칭이 없는 생물은 부득이하게 가칭으로
작성되었음을 알려드립니다.

초간단 인문 교양 시리즈

초간단 인문 교양 시리즈는 초등학생들이 학교에서 배우는 교과목뿐만 아니라 일상생활에 꼭 필요한 인문 지식을 충족시키기 위해 기획한 시리즈입니다.

초3, 과학이 온다
초등과학교과 연계
봄, 여름, 가을, 겨울. 일상 속 과학을 배운다.

봄, 여름, 가을, 겨울이 지나는 동안 길에서 만날 수 있는 과학 지식을 그림과 함께 구성했다. 계절별로 10가지, 총 40가지의 과학 지식을 초등 과학 교과와 연계하여 구성하였다. 각 챕터의 마지막에는 복습할 수 있는 퀴즈를 수록하였다. 책을 통해 일상 속 과학 원리를 살펴보고, 과학적 사고력과 태도를 길러 보자.

값 12,000원

하루 한 번, 세계 여행
**EBS 세계지리 대표 강사와 함께 떠나는
40일간의 세계 여행!**

각 나라의 유명 장소와 건축물을 세계 여행하듯 재미있는 이야기로 풀어냈다. 아시아 대륙부터 유럽, 아메리카를 지나 아프리카와 오세아니아, 남극까지 지구를 크게 한 바퀴 돌아 대륙별 주요 나라에 대한 지리 상식과 특징을 한눈에 살펴볼 수 있는 책이다.

값 12,000원

너무 닮아서 헷갈리는 동물
한눈에 비교해 보는 닮은꼴 동물 탐구서!

현직 초등교사가 초등 과학 교과 지식을 바탕으로 땅, 강, 바다, 하늘 등 다양한 곳에서 살아가는 닮은꼴 동물을 한눈에 비교한 책이다. 동물의 생김새를 비교하고 차이를 발견하는 활동은 새로운 시각으로 세상을 바라볼 수 있는 관찰력과 탐구력을 키워 준다.

값 12,000원

초간단 인문 교양 시리즈

초3, 공부가 되는 글쓰기
문해력을 키워주는 글쓰기 비법 전수

SNS 글쓰기, 독서 감상문, 과제 등 어린이들이 실생활에서 만나는 수많은 글쓰기의 다양한 사례를 살펴 직접 써 보면서 저마다 글쓰기 실력을 기를 수 있게 구성하였다.

값 13,000원

바다 동물이 너무 귀여워
신기한 바다 동물 만화 백과!

육지 동물에 비해 생소하고 낯선 깊은 바닷속 동물을 소개한 책으로 어린이의 눈높이에 맞춰 만화로 재미있게 구성했다. 고래의 종류와 차이점, 펭귄의 종류와 차이, 물범과 물개, 그리고 바다사자를 구별하는 법, 상어와 해달의 생태 등 다양한 생물의 신기한 이야기를 가득 담았다.

값 12,000원

수족관이 너무 좋아
수족관을 방문할 때 반드시 챙겨야 할 단 한 권의 책!

≪바다 동물이 너무 귀여워≫를 그린 저자 마쓰오루카의 시리즈 만화. 바다 동물 중에서도 수족관에서 만날 수 있는 생물을 만화로 소개한 책. 서로 다른 범고래 가족의 언어와 생태, 최고로 가혹한 펭귄들의 육아법, 수컷에서 암컷으로 변하는 흰동가리 이야기 등, 평소 알 수 없었던 수족관 생물들의 신기한 이야기가 가득 실려 있다.

값 12,000원